消失的40年代
1940-1950
造飛機的小孩們

陳婉真 著

臺灣近代史上，1940-1950是一個特殊的年代！
經過當權者刻意的**粉飾**與**忽略**，

歷史課本上隻字不提……

請來傾聽阿祖們口述的故事，深切感受離亂10年的種種，
真實還原臺灣歷史！

昭和年鑑中各國國旗，上中為滿洲
國國旗，右為支那（China）的五色
旗，第3列最左為青天白日旗，當
時世界還稱中國為支那（美、法文
至今都稱支那），最奇怪的是一個
支那有兩面國旗同時並用。

江克圭收藏
之 1940 年
昭 和 年 鑑
（日本皇紀
2600 年）。

日　本　　　滿　洲

蒙　古　　　タ　イ

（旗日白天青）那支　　印　度　　ーギル

コルト　　旗族民度印　　シデーエ

江克圭保留明治 36 年（1903）的闔書（即合約書）。

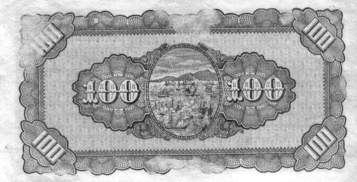

舊台幣壹佰圓（鄒文曲提供）。

昭和 4 年（1929）與昭和 6 年（1931），由小梅（梅山）的信用組合（信用合作社）所發出的存款單，戰後被扣得只剩 60% 的價值（詳 179 頁），江克圭提供。

為了反制美軍 B-29 轟炸機，高座少年工製造的戰機為雷電戰機。

1942 年，總數約 8 千多人，由臺灣徵選到日本神奈川大和市的高座海軍工廠造飛機的少年工，剛到工廠時所見到的景觀就是眼前一座座的學寮（宿舍），工廠還沒蓋好（曾天來提供）。

國民政府到臺灣後，將日治時代各地神社逐一改建為忠烈祠，根據入祀辦法中規定，有以下相關事蹟得以入祀，包括領導國民革命、創建民國；民國元年以前參與國民革命各次起義；元年以後，參加討袁、護法等役；參加東征、北伐、抗戰及其他衛國戰役，建有功績者；也就是說，所有入祀忠烈祠的和臺灣都沒有關係，甚且抗戰期間，臺灣人是日本國民，和中國敵對，因此，全臺的忠烈祠所奉祀的神位沒有一個臺灣兵，只有極少數如賴和、王敏川等非軍人，但還曾遭到被撤除牌位的侮辱。在他們的故鄉彰化，是被奉祀在武德殿的一角，每年九三軍人節祭祀時沒他們的份。

由神社而忠烈祠，由日本神轉而祭拜中國鬼，對臺灣的
土地和人民而言只是換個統治者，兩者都不把臺灣人放
在眼裡！日本政府至少還把為皇軍戰死的臺灣兵奉祀在
靖國神社，一甲子後有心人將他們的靈位請回臺灣，卻
只能侷處於臺中寶覺寺一隅。安放在忠烈祠？恐怕不只
政府不准，臺灣軍的英靈地下有知，也不願和敵軍同處
一室吧？！此情此景，靈是回到故鄉了，只是不知靈能
安否？

經過悲壯的抗爭，撫慰臺籍國軍的戰爭與和平紀念公園被保留下來，卻在缺乏管理維護，以及海岸侵蝕嚴重之下，不出幾年，臺灣歷代戰歿將士英靈紀念碑即將沉入海底。

「臺灣無名戰士紀念碑」旁設之臺灣歷代戰歿將士英靈紀念碑」。

由於兩度夢見無數二二八冤魂不得超生，無人祭拜追念的慘狀，林才壽實踐夢中諾言，為他們蓋了一間寺廟及禮拜堂，圖為林才壽奉祀的二二八靈位。

2006 年 11 月 28 日，由全國前國軍臺灣老兵遺族協會所立，設在高雄旗津的戰爭與和平紀念公園內的「臺灣無名戰士紀念碑」，碑文記載戰後第一代國軍臺灣子弟兵的脈絡，以及這些超過1萬名的無名戰士所受當局「不聞不問」的不平對待，就是這個碑文，陳水扁總統婉拒題字落款。

春祭臺灣兵活動，藉由先後升上的日本軍旗、黃埔軍旗及五星旗，凸顯臺灣兵為日本人、為國民黨、為共產黨軍賣命打仗的荒謬（高雄市關懷臺籍老兵文化協會提供）。

高雄市關懷臺籍老兵文化協會在 2011「建國百年」舉辦春祭臺灣兵活動中，邀請美國在臺協會高雄分處參加，處長 Chris Castro 全程參與，不但為戰俘船紀念碑揭幕，並親自獻花向陣亡戰士致意（高雄市關懷臺籍老兵文化協會提供）。

史上第一遭：國軍長達 60 幾年不承認臺籍老兵，在建國百年春祭臺灣兵活動中，國軍奏樂後，活動尚未結束即離席。可能因遭受與會人士反彈，隔年（2012 年）國軍儀隊終於向紀念碑行禮。（高雄市關懷臺籍老兵文化協會提供）。

30 年後重印臺灣自救宣言。1964 年，彭明敏、謝聰敏、魏廷朝 3 人起草「臺灣自救宣言」，3 人因此以叛亂罪嫌被起訴，之後彭明敏逃亡海外，謝魏兩人被關被刑求，謝聰敏被判刑 10 年。

《談景美看守所》為謝聰敏著作，是揭露白色恐怖時期特務鬥爭與刑求逼供最深刻的一本書。

謝聰敏被捕後一度差點死在牢裡，事後很多人號稱是他的救命恩人，過很久後他才確知是張超英（左 3），他很慶幸趕得及在張超英生前向他致謝。

說些你我沒聽過的故事

換個角度看世界

博士賣雞排？首富說浪費教育資源，博士說工作難找，擺攤賺錢最實在。

吃飯玩手機！你和家人難得聚餐，一定會被斥責，你一定在心裡嘀咕：和這些大人講話太無聊，你們怎麼知道手機世界的奇妙？

美麗島事件後一個年輕朋友被關在牢裡，寫信給朋友說，他每天勤練倒立，倒立看的世界不一樣，天地互換，比較有趣，以此來諷刺執政者的倒行逆施。

凡事不都是這樣？換個角度看事情，就會有不一樣的結論。換個立場為對方著想，就是一種同理心，有同理心的社會，比較不會有紛爭。

那你告訴我們那麼多陳年往事，顛覆課本給我們的歷史定論有什麼用？你說半世紀以前外省人欺負臺灣人，難道要我們第三代第四代懷著原罪活下去？

沒有同理心才會發生那些災難。我們看同一時代的德國，希特勒殺死多少猶太人，侵略多少鄰國的土地，今天法國人不會罵「德國鬼子」，德國不會對著巴黎放置幾千顆飛彈，反而結合成為歐盟，使用同一種貨幣，彼此自由往來。這才是我們嚮往的世界，不是嗎？

　　你說國家不會犯錯，歷史不會騙人，為什麼天安門事件至今真相未明？為什麼馬英九每年要心不甘情不願的為二二八事件道歉？

　　你說那種老掉牙的事和我的現實生活無關，但擘劃國家方向的人沒有正確的史觀，就會造成歷史重演。選舉時重複使用撕裂族群的老梗，古蹟毫不留情的拆除，官商勾結不以為恥，社會陷入空轉，年輕人的薪資收入倒退……，我們現在都已經嚐到苦果。

　　很多人羨慕臺灣的軟實力，也有人擔心年輕一代的國際競爭力越來越弱。兩者都是事實，軟實力是上一代、上上一代的努力所累積的成果，競爭力是否越來越不如人，就有待年輕朋友自己的努力了。而這努力的前提就是要毫無成見的認識自己，才能鑑往知來。

　　不要說年輕朋友，即便是我自己，對於我的父祖輩所經歷的年代也都是一知半解，毫不在意。然而，當社會進步到一個階段，你會對於政客千篇一律的謾罵叫囂感到厭惡，會對於臺灣的國際孤兒地位感到不安，會對於統治者的無能無為感到焦慮，這才領悟到歷史與教育的重要。讀史可以鑑今，教育可以讓我們更成熟更寬容，社會才有辦法凝聚共識往前邁進。

　　我是務實派，對抗國民黨的惡政，曾經不惜以汽油彈與之對峙。

　　兩千年政黨輪替後，兩黨扯平，理應兩黨團結一致對外，看到昔日的反對黨也涉入貪腐弊案，我心至痛。八年後的選舉，我不再支持他們，還受故鄉的國民黨縣長之邀擔任公職

兩年。原因無他，希望點醒一些人，不是只有你們愛臺灣，不要再玩弄撕裂族群老套，唯有全民建立共同的國家方向，這個國家才有未來。

　　讓我們一起來讀阿祖時代如何在困頓中挺過來的歷史，一起來追求真善美的臺灣。

陳菀真

> 編按：《1940-1950消失的四〇年代》是「臺灣阿祖的私密故事」系列主書名，首冊收錄的19篇訪談故事中，有3位阿祖談到10幾歲時到日本神奈川縣大和市高座海軍工廠製造飛機的艱難歲月，高座少年工的經歷雖只是消失的40年代中的一小部分歷史，卻也是年輕讀者們很難想像的故事，因此，以其中篇名「造飛機的小孩們」為首冊副書名，讓大家體認戰爭時全民皆兵的荒謬現象。

彭序

珍視失落的歷史鴻爪

——龍應台‧李敖‧陳婉真，感動他們對 1949 的用心

忘了自己的歷史，是我們的錯嗎？

歷史是人走出來的，寫出來的。只是走出來的人，不一定是寫得出來；而寫出來的人，不一定是走在那個時代。何況，走在時代的人，也寫不出時代的歷史。但是，我們還是要追尋歷史真相。

1949，對臺灣而言，是繼 1895 之後最具歷史意義的日子。

1895，臺灣脫離中國；半個世紀之後，1949，臺灣接納中國。都是被迫的。歷史的安排，「脫中納中」分別注定臺灣人的時代命運，都是由中國人決定，臺灣人在不是情願的情形下，無奈的奔向歷史。

2009 年 8 月，龍應台出版《大江大海 1949》，轟動一時，讓很多人深層地認識我們這一代，感動兩岸的歷史時空人事是非的變遷與無情。

2011 年 2 月，李敖《大江大海騙了你》，對龍應台展開地毯式的「屠龍記」，以春秋之義清算不識大體的小家碧玉，認為龍應台未經親歷累積，不應高談闊論。相對柔情細膩的龍應台，「感時花濺淚」的宣洩，顯然，冷酷的歷史大師李敖，是有那麼一點嚴苛。不過，李敖竟還能用 40 天完成 1949 拾遺的深度補強，亦屬針對以 400 天苦心醞釀《大江

大海 1949》的回響。這不也說明陳婉眞眞情流露《亂世十年
1949》，也是反映存在於不同層面的歷史臺灣？

　　我以爲，龍應台、李敖、陳婉眞，他們分別就「1949」
時代意義的用心觀察，無論高下，也都可算是拿鋤頭的人吧！
所以，身爲臺灣當代的一份子，我們都感激欣賞。

　　當陳婉眞告訴我要寫關於「1949，亂世十年」的構想時，
基於對 1949 這個數字意義的衝動，我表示要參與。後來，她
一篇一篇的訪問稿完成，我才明白她的寫作方式與體裁，這
時我放棄一齊協助的想法，因爲，這不是我的專長。

　　陳婉眞所表達的「1949」，正是一個政治衝突、經濟蕭
條、社會秩序紊亂的亂世局面，可貴的是著墨在升斗小民之
聲。剛處二戰結束，屋漏偏逢連夜雨，1949，中國國民黨與
中國共產黨的內戰中敗退臺灣。一時之間，600 多萬人口的
臺灣，突然湧進了 200 萬外來人口，於是臺灣社會產生相當
大的激烈變化。由於食之者眾，生之者寡，物質極度欠缺以
致衍發嚴重的經濟破產；失業暴增，國民生產低落，物價惡
性膨脹，人民生活痛苦萬分；加以政治高壓控制，統治者與
島上「同胞」語言不通、文化相歧，社會秩序一片紛亂。從
陳婉眞訪問稿的寫眞，這的確是一個動蕩不安的亂世臺灣的
時代情感。

　　一百年來的臺灣，歷經過日本、中國兩國的殖民統治，
本土自主意識迨至 1980 年代才逐漸萌芽開花，二十世紀末總
統民選始落地生根。臺灣主體思潮已爲當代主流，爲讓國家
正常化，陳婉眞也投入 1949 臺灣時代的歷史拾遺工作，時間
似有稍遲，惟無情歲月不停浪捲生人，掌握時機尤爲珍貴，

期待歷史眞相逐步還原，大海撈針本屬非易，我們當爲其拍手叫好，精神鼓舞。

陳婉眞有記者敏銳觀察的筆，有江湖俠義的骨氣，有疼惜臺灣的柔腸眞情。我們曾經共同投入臺灣人運動的歷史潮流，付出人生最寶貴的青春年華。曾經在不同的沙場，我們力爭臺灣人的時代命運；也曾經在相同的舞台，我們攜手並肩一齊抗爭臺灣的歷史大義；尤其，刻骨銘心的是，我們更曾經爲 921 大割裂臺灣心臟的世紀災劫，同心齊力爲苦痛的同胞流淚奮進。婉眞，她是我的兄弟。

今訪問稿初成，把鋤開墾拓荒，《1949–1950 消失四〇年代》即將出版，大義所在，樂於爲文，是爲序。

彭百顯 謹識

2011.12.7 于臺北

1940 年代
臺灣歷史大事紀

1937 年（昭和 12 年）

7 月 7 日	盧溝橋事變，日中戰爭爆發，日政府派武官總督。
7 月 15 日	臺灣地方自治聯盟解散，公開的政治結社消聲匿跡。
7 月 31 日	日月潭第二期發電所竣工。
12 月 27 日	大屯國立公園、次高太魯閣國立公園、新高阿里山國立公園成立。
	臺灣軍伕奉召至中國戰場。

1937 ─── **1939** ─── **1940** ─────────▶

1939 年（昭和 14 年）

9 月 25 日	新高港開工典禮在梧棲舉行。

1940 年（昭和 15 年）

2 月 11 日	日本政府扶植汪精衛在南京成立國民政府。
10 月 25 日	臺灣第一座交通號誌（停止─通行）在臺北御成町開始運轉。

1941 年（昭和 16 年）

2 月 9 日	「臺灣革命同盟會」在重慶成立。
4 月 19 日	推動皇民化的「皇民奉公會」開始活動。

1942 年（昭和 17 年）

	第一批臺灣人志願兵入伍。

1943 年（昭和 18 年）

11 月 25 日	盟軍開始空襲臺灣。

1944 年（昭和 19 年）

9 月 1 日	日本政府對臺灣人開始實施徵兵制。

1945 年（昭和 20 年、中華民國 34 年）

5 月 31 日	臺北大轟炸。
8 月 14 日	昭和天皇發布終戰詔書。
10 月 25 日	中華民國政府代表盟軍占領臺灣；臺灣省行政長官公署業務開始運作。
	在臺的日本人開始撤離。
	根據日本政府的統計，二戰期間臺灣人參加太平洋戰爭的有 20 萬 7183 人，死亡而被奉祀在靖國神社的有 3 萬 304 人，失蹤的有 1 萬 5 千餘人。
12 月	國民政府開始在臺灣召募志願兵，響應者估計超過 1 萬 5 千人，回來的只有數百人。

1941　1942　1943　1944　　1945

1946 年（民國 35 年）

	臺灣實施地方自治。
5 月 1 日	臺灣省參議會成立。
5 月 31 日	日本以敕令廢止臺灣總督府。

1947 年（民國 36 年）

2 月 28 日	二二八事件。陳儀宣布戒嚴。
3 月 1 日	因參議員及國大代表反應，解除戒嚴。
3 月 6 日	蔣介石在南京國防最高委員會中決議派兵鎮壓。
3 月 8 日	蔣介石派遣的「太康艦」抵臺，展開全臺大屠殺。
3 月 9 日	陳儀宣布戒嚴，取消所有非法團體，武力綏靖。
3 月 17 日	國防部長白崇禧來臺宣撫巡按調查，下令停止濫殺，公開審判，聲明政府將以和平寬大的方式處理。但國軍仍繼續追捕濫殺。
3 月 21 日	展開「清鄉計畫」。
5 月 15 日	臺灣省政府改組，魏道明任省主席。
5 月 16 日	解除戒嚴與清鄉。

1948 年（民國 37 年）

3 月 29 日	蔣介石當選行憲後第一任中華民國總統。
5 月 10 日	中華民國公布實施〈動員戡亂時期臨時條款〉，凍結部分憲法，使總統任期得連選連任。
5 月 20 日	蔣介石就任中華民國總統。
9 月 1 日	臺灣再解放同盟廖文毅等向聯合國請願託管臺灣。
12 月 30 日	中華民國行政院美援運用委員會臺灣辦事處成立，陳誠擔任主任委員。

1946　1947　1948

1949 年（民國 38 年）

1 月 21 日	蔣介石發布引退文告。
4 月 6 日	軍警憲衝入國立臺灣大學及臺灣省立師範學院男生宿舍逮捕百餘名學生，是為「四六事件」。
4 月 14 日	「臺灣省私有耕地租用辦法」公布實施，開始其餘一連串相關規定，貫徹三七五減租政策。
5 月 20 日	陳誠宣布臺灣省實施戒嚴，開始世界最長久戒嚴令。該戒嚴令未經行政院通過，亦無總統公布（當時的總統李宗仁逃往美國），2010 年監察院認定有瑕疵。
6 月 15 日	發行新臺幣 4 萬元舊臺幣兌換 1 元新臺幣，和美元的匯率為 1 美元兌換新臺幣 5 元（民間通稱四萬換一塊）。
10 月 1 日	毛澤東在北京宣布成立中華人民共和國。
12 月 8 日	中華民國政府撤退來臺，美援停止。

1949 --- 1950 ➤

1950 年（民國 39 年）

3 月 1 日	蔣介石「復行視事」（此舉違反「中華民國憲法」之規定）。
4 月 11 日	愛國獎券發售。
6 月 25 日	韓戰爆發，美國派遣第七艦隊巡弋臺灣海峽，1953 年韓戰結束後恢復美援。

1940 年代重大事件

皇民化運動：1937 年中日戰爭爆發，日本國內進行「國民精神總動員」運動，在臺灣則加強「皇國精神」的教育，因而推動「皇民化運動」。主要內容包括有宗教舊俗改革運動、國語運動、改姓名運動、志願兵制度等四項內容。

在宗教舊俗改革方面，要求臺灣人把家中牌位、神像燒掉，改奉神宮大麻（指由日本伊勢神宮所頒布的神符）於正廳。神社的增建及升格也被列為重要項目；在國語（日語）運動方面，大量設「國語講習所」，鼓勵臺灣人講國語，以普及日語能力。1937 年 4 月後，總督府全面禁止報紙的漢文版。對於全家大小 24 小時都用日語交談的知識家庭，則准予「國語家庭」的優待；改姓名是指把漢姓漢名改為日本式的姓名，採取許可制，不具強迫性質，條件不夠，還不能當「真正的日本人」，但對於許多社會精英或與公務有關的人員有環境氣氛的壓力，所以改姓名的居多；基於對臺灣人的不放心，直到在太平洋戰爭爆發（1941 年 12 月 8 日）之前，臺灣人都不需當兵，然而 1937 年，日本人已開始在臺灣徵用軍伕以擔負軍中雜役，臺灣人也有部分被徵調擔任翻譯人員，隨軍派往華中、華南及東南亞，加入日本的戰地工作。

由於南進政策的目標東南亞各國，與臺灣原住民同屬南島民族，日本首先徵用山地原住民（日本稱之為「高砂族」）組成「高砂義勇隊」。義勇隊的派遣前後 5 次，約有 2,500 名參加。如果再加上以後的募兵、徵兵，至戰爭結束為止，原住民總共被動員投入戰爭的人數約有 2 萬多人，當時原住民人口約 15 萬多人。

皇民化運動開始後，實施臺灣人志願兵制度，
入伍當兵被宣導為光榮之事，圖為當時臺中
火車站送行的畫面（姚銘偉珍藏）。

臺灣高砂義勇隊（秋惠文庫提供）

　　臺北大轟炸：1943 年 11 月 25 日，美軍與中華民國空軍聯合成立的「中美空軍混合團」，從中國江西遂川起飛，轟炸了臺灣新竹州飛行基地，這是美國和中國聯軍對臺灣的第一次空襲。

　　1945 年 5 月 31 日，美軍對臺北實施最嚴重的一次轟炸，稱為 531 臺北大轟炸。當天駐蘇比克灣的美國第 5 航空隊派出 4 支航空大隊共 117 架 B-24 轟炸機實施此項任務，以三架為一編組自上午 10 點到下午 1 點實施無間斷轟炸。

　　這場空襲中臺北市民死傷慘重，當日死亡人數高達 3 千多人，幾乎是在這之前所有美軍對臺空襲中死亡人數的總和。另外還有數萬人受傷、多棟建築毀損。

臺灣總督府正面，在 531 臺北大轟炸中。毀損嚴重。

　　美軍對臺灣的瘋狂轟炸，是許多臺灣長輩心中最悲慘的記憶，也是他們無法說出口、歷史課本中避而不談的往事，很多年輕一輩對這段歷史一無所知，還以爲轟炸臺灣的是日軍。

　　二二八事件：導火線爲 2 月 27 日一起查緝私菸案件處理不當，而導致 2 月 28 日爆發並蔓延全島的流血衝突事件。

　　2 月 27 日下午七點半左右，臺灣省專賣局臺北分局」查緝員傅學通等 6 人及 4 名警察，在臺北市大稻埕太平町法主公廟對面、天馬茶房前，發現正在販賣私菸的寡婦林江邁，於是沒收林婦所販賣的香菸，以及身上的錢財。林婦跪地求饒，哀求至少歸還其錢財、以及其餘經過合法繳稅的公菸，但查緝員堅持全部沒收，過程吸引民眾圍觀，林婦被葉得根以槍托擊傷頭部昏迷，圍觀民眾憤包圍，傅學通逃到永樂町（今西寧北路）開槍示警，擊傷市民陳文溪（20 歲，胸部中彈，送醫次日死亡）。激憤的群眾六、七百人當晚包圍警察總局，要求警方懲兇，但未有滿意的答覆。2 月 28 日，上午市民群體展開罷工、罷市、抗議。3 月 1 日，臺籍菁英組成「緝菸血案調查委員會」，翌日組成「二二八事件處理委員會」爲官民溝通的機構，行政長官陳儀對該會的意見表接受，另一方面則向蔣介石請求援兵，將事件轉而指向共產黨鼓動，爲尋求獨立的運動，3 月 8 日深夜，國軍自基隆登陸，向臺北進攻，18 日全臺武力「綏靖」完成，21 日展開「清鄉計畫」，以告密連坐法追查逃匿份子，29 日發布自新辦法，5 月 15 日臺灣省政府改組，魏道明出任省主席，16 日解除戒嚴，總計該事件死亡人數推估在 1 萬 8 千人到 2 萬 8 千人間，折損臺

灣社會無數菁英份子，由於該事件後，情治單位得到陳儀授權進行「反間工作」，組織「忠義服務隊」，利用黑道流氓在臺灣各地製造混亂、燒殺擄掠、毆打外省人以擴大事端，製造中央派兵藉口。國民政府在二二八事件和緩後又擴大鎮壓屠殺、實施清鄉、逮捕槍決知識菁英和民眾，並且長期拒絕面對真相及承認錯誤，且二二八事件發生當時幾乎沒有臺獨的倡議，但是當政的國民政府以「陰謀叛亂」、「鼓動暴亂」、「臺灣獨立」、「陰謀叛國」、「臺灣人與共黨合作」等為由鎮壓，也以藉口捕殺黃賜、蕭朝金、湯德章、盧鈵欽、潘木枝、陳澄波、陳復志、張榮欽、黃媽典、林連宗、李仁貴、黃朝生、施江南……等人，因此，二二八事件不僅使臺灣社會長期噤聲，也是後續臺灣族群對立衝突的重要原因，亦被認為是臺灣獨立運動的起點。

四六事件：1949 年發生的四六事件以臺灣省立師範學院（今國立臺灣師範大學）為主體，聯合國立臺灣大學的學生所發起要求提高公費待遇的「反饑餓鬥爭」，以「救苦、救難、救饑荒」為訴求的學生運動。

當時響應的除了不少隨國民黨流亡來臺在臺大與師大就讀的學生，以及臺灣知識份子中帶有社會主義的素樸理想，更不乏由於對國民政府失去信心而對中國共產黨尋求精神寄託者，導致兩岸的學生運動合流，之後引發政府當局大規模逮捕學生的行動。

　　戒嚴令：戒嚴是指國家在處於對外戰爭、內部叛亂、天災瘟疫或者財政經濟危機的等嚴重危害社會安全與政治穩定的特殊時期採取的一種緊急措施。戒嚴實施時司法及行政權會部分或全部由軍隊接管。有的國家又稱之為緊急狀態。《臺灣省戒嚴令》，正式名稱為《臺灣省警備總司令部佈告戒字第壹號》，是中華民國臺灣省政府主席兼臺灣省警備總司令陳誠於 1949 年 5 月 19 日頒布的戒嚴令，內容為宣告自同年 5 月 20 日零時（臺北時間）起在臺灣省全境實施戒嚴，包含臺灣本島、澎湖群島及其它附屬島嶼。至 1987 年由總統蔣經國宣佈同年 7 月 15 日起解嚴為止，共持續 38 年又 56 天，臺灣歷史上，通稱為「戒嚴時代」或「戒嚴時期」。

　　四萬換一塊：臺灣省政府於 1949 年 6 月 15 日公布「臺灣省幣制改革方案」、「新臺幣發行辦法」，明訂 4 萬元舊臺幣兌換 1 元新臺幣，並規定 1 美元兌換新臺幣 5 元，兌換時間到當年的 12 月 31 日為止。至 1950 年 2 月為 1 美元兌新臺幣 7.5 元；7 月貶為 10.3 元；至 1958 年已達 1 美元兌新臺幣 36.08 元。

Contents

前言
那深深深溝

節孝祠與吳德功

事情要從彰化節孝祠說起。

它是臺灣最早被指定為古蹟之一的一棟建築，也是全臺唯一一間奉祀節孝婦的祠堂，它是私人捐資興建的。

當年主催者的後代找我協助讓它活化起來，還希望我和他合作把節孝婦的後代逐一追蹤報導，我才開始對主催者吳德功先生感到興趣，花了一番功夫，找到一些資料。

過程中我不斷發現一些從前所忽略或根本不知道的事——譬如他曾經撰寫彰化縣誌；已未（西元 1896 年）日軍入臺時，曾參與抗日；對於地方公益的事，例如國定古蹟彰化元清觀（天公壇）的興建，甚至籌設彰化銀行等，他都擔任很重要的角色。（註1）

他在社會福利工作方面出力甚多，像彰化的育嬰堂、忠義祠、節孝祠等，都是他負責創辦的，目前僅存節孝祠。

他也寫了一些在彰化發生的動亂事件，例如施九緞事件及戴潮春事件。並留下不少他親自以毛筆字寫成的文稿，包括一些詩詞作品等。這些著作在前臺灣省文獻會時代就已出版成 4 冊。

　　最令我深深感到汗顏的是，所有這些事跡與事件，就發生在我出生的同一塊土地上，時間相隔不過數十年，我竟然一無所悉！

　　我一無所悉的還不止此，一直到我大學畢業，當了好幾年的新聞記者，才知道也在我出生的同一塊土地上，曾經有過賴和、謝雪紅、王敏川……等臺灣歷史上重要人物，貢獻出他們的專業、他們的青春性命，為這塊土地與人民，精彩的活過他們的一生。

鐵絲串成人肉串

　　把時間拉近一點，我對於父母親那一輩的事情又知道多少？

臺灣文獻館老照片展，照片主題為彰化銀行民國五年創立十周年紀念，後排左起：施來、林獻堂、辜顯榮、李崇禮、陳質芬；前排左起：楊吉臣、坂本素魯哉、吳汝祥、吳德功、蔡蓮舫

　　我回想起 1978 年我和前臺大教授陳鼓應在臺北市搭檔競選時，政治氣氛很恐怖，絕大多數長輩都交代子女不得碰觸政治。

　　張晉城前立委就是在那時興沖沖的由英國學成返臺幫我助選，他說他最大的願望是在西門町的政見發表會能夠上台演講。但他回家告訴老爸時，他父親不斷拜託他，無論如何絕對不能上台，如果一定要演講，「要死，我替你去赴死！」阿城把父親的沉痛嘶吼一字字在我面前重複一遍。

　　演講就會死人？以當時的政治氣氛的確如此。君不見幾年後的 1981 年，陳文成不明不白的死在臺大校園，至今還是懸案。

　　那次選舉因美中建交而宣布暫停。接下來不久就發生余登發父子被捕、黨外人士到橋頭鄉遊行、時任桃園縣長的許信良被停職等一連串的鎮壓與反鎮壓活動，我把所有時間與心力完全投入其中。

　　有一天父親似有意似無意對我說：「你們少年人不知道，才敢這樣衝，我那時如果不是去打麻將，早就不在了。」

　　「就是你們那時不努力，還去打麻將，我們現在才要這麼辛苦的衝。」我想也不想，就這麼頂回去。

　　那次對話後不久，我就到美國，還是繼續衝，因而成為黑名單；不久，父親中風過世，我連回臺奔喪都不可得，父女從此永別。

　　又過了幾年的 1984，我和朋友合著一本二二八事件的書；朋友到史丹福大學找了很多當年的文獻，我也訪問了一些受難家屬，由於那時中文書籍還無法以電腦直接處理，好不容

易在洛杉磯找到一家打字行時，老闆竟然在隔天帶著老婆找到家裡，苦著臉把稿子退回，理由是他們還有親人在臺灣，這筆生意不敢接。

我當立法委員時，親眼目睹一位二二八倖存者雙手雙腳都有被鐵絲刺穿的疤痕(註2)——如果不是那個瘦弱的老人家來到我面前，訴說當年他在基隆被國軍以 10 人 1 組，雙手雙腳都被鐵絲穿透，在海邊先掃射後，再把這一串串的死人推入海裡，這麼清楚的描述他們的被殺經過，我是怎麼說也不會相信人世間真會有這種事情發生，而且當年這些槍殺無辜百姓的人還是學校裡教我們要「軍愛民，民敬軍」的中華民國國軍(註3)。愛民是這樣的愛法！

90 年代中期，一些早年的政治事件慢慢出土之後，我才得知，就在家父就讀師範學院（今國立臺灣師範大學）時，發生「四六事件」(註4)。原來他說的打麻將救他一命就是這麼回事！原來在那個時代太衝的下場只有兩條路——不是坐牢、槍斃，就是流亡異邦。

價值錯亂的屈辱人生

回到中部故鄉的這十多年，比較有機會遇到一些父親當年的同學或同事，他們口中的父親是急公好義，愛打抱不平的俠義性格。這不禁讓我想到施明德當年逃離國民黨大逮捕的第一站，就是到父親在臺北租賃的家。施明德畢竟是資深政治犯，一眼就看清父親內心深處對他的期許，知道他是個可以託付性命的人。

　　而我對父親的了解又有多少？我只會責怪他的任性與不識時務——他在日本人統治末期為了逃避兵役四處躲藏；他兩度因看不慣外省人欺負臺灣人，或是外省人校長的貪腐行為，最後被迫離開教職；甚至因太過信任員工以致經商失敗還吃上官司，所幸祖父在三七五減租及耕者有其田政策的洗劫(註5)後留下少部分財產，我們才得免在最淒慘時流落街頭。因此，在我的心目中，他是一個人生的失敗者。

　　一直到3年前偶而碰到父親一位臺中一中的同學兼好友，他才透露父親離開彰中教職後，曾試著找其他學校任教，卻被彰中校長封殺（這位校長因與多位女老師發生關係，在他太太任校長的精誠中學畢業典禮上被女老師潑硫酸，而成為轟動一時的社會新聞），終致抑鬱以終，原來父親也是當年教育界的黑名單。

　　我終於在活過父親在世的年歲後，從父親當年同學同事口中拼湊出的父親圖像裡，找出讓他這麼一位正直的人過的是如此屈辱人生的根源，就是這個在1945年時，從他生命中突然冒出來的，號稱祖國同胞的外來政權。

　　1945年之前，他是日本國民，受的是日本教育，但對日本人顯然沒有好感，因此寧可選擇逃兵；國民政府接收臺灣不久，他和祖父同時加入中國國民黨（我小時候看過他們的黨證，可惜已經遺失），他的心情應該也和當時大家唱的一首歌一樣：「六百萬民同快樂，壺漿簞食表歡迎。」

漢奸？順民？孤兒！

然而，歡欣雀躍很快就轉為失望、鄙夷與厭惡。所謂中國式的價值標準，和日本人教給他們的守法守信負責盡職等，幾乎是南轅北轍。中國官場視貪腐為當然也就罷了，最嚴重的是安插親信。沒專業訓練，甚至沒讀過書的可以居高位；受過專業訓練的臺灣人卻必需屈居人下，膽敢違抗的，輕者和父親一樣，重者非關即死。

而在我們這些戰後第一代的教育過程，國民黨除了掩飾真相之外，還不斷灌輸給我們仇日反日的心態。一方面蔣介石說要「以德報怨」，導致很多臺灣人戰後向日本求償遭拒；一方面任令一些外省人動不動以「臺灣人受日本鬼子的奴化教育太深」的說法，在被殖民50年的心靈疤痕上狠狠的灑鹽——包括在家中和父母對談時，一言不合，就把這句話丟出去。這句話太好用了，每次丟出去，他們就閉嘴，然後搖搖頭嘆口氣：「唉，中國教育……。」

這兩代間的鴻溝，竟然是在我投入反對運動時，自然而然的弭平了。有別於一般臺灣人父母的強力反對，他們竟然是大力支持，只是每談到日本情結，還是難免劍拔弩張。

大約10年前吧，母親已知罹癌，不久人世，還是經常把日本如何好掛在嘴邊，我終於忍不住大聲斥責她：「為什麼那麼沒志氣，當個臺灣人不好嗎？」從此她在我面前就絕口不提日本如何好，但她還是每天看日劇，跟著劇情時而大笑，時而不語。

母親應可算是臺北市中上家庭的後代。至少距今一百多

年前，她父親畢業於臺北工業專門學校，外婆則是靜修女中的畢業生。然而，對母親的身世我至今所知有限，只記得小時候聽說外婆曾隨外公到杭州當日本人的通譯（翻譯人員），那時心裡暗想，中國人受了多少日本鬼子的欺凌，他們竟然是幫凶，簡直是漢奸。

現在回想起來，如果我生在他們的年代，和他們一樣是日本國民、受日本教育到二十多歲，然後突然來了另一個使用不同語言文字的統治者，3年內全面禁止我使用日語日文，把我從前所學的待人處事方式全然打破，一切從頭開始，又讓我的下一代、下下一代來批判我的文化價值觀，我會如何？

我突然對父母及外公感到無限的抱歉，但為時已晚。

鴻溝處處

幾乎在這同時，龍應台的《大江大海》在社會上引起廣泛的討論，很多年輕朋友說他們看了很感動，我總是回應說我看了很生氣。

我不是嫉妒她的文才，也沒有懷疑她的用心，我生氣是因為資訊的不足，因為有太多史實被統治者刻意掩飾或歪曲，所以他們才會感動。

而她只寫出那一代隨著國民黨逃難到臺灣的人的心聲與苦難，臺灣人的呢？

他們的上一代可以在茶餘飯後，吹噓他當年斃掉多少土八路，我們的上一代除了屈辱還是屈辱。他們在人生路上受到前後兩個政權的歧視與差別待遇，他們想訴說的過往我們

聽不進也不屑聽，我們之間存在著一道深深深，深入地底的
鴻溝……。

這鴻溝不只存在於臺灣人的兩代之間，也存在於不同政
治主張者之間。

我自認為 1978 年和陳鼓應聯合參選的最大意義是，陳鼓
應是外省人出來挑戰國民黨參選的第一人，也象徵那時的黨
外運動是不分族群反國民黨力量的大團結。

說團結其實令人心虛。我的第一場募款餐會，因為參加
者有我大學老師、中國時報的同事及長官，也有獨派激進人
士，兩派人馬在餐會上當場開罵幾至不可收拾。

那件事令我深感難過，持續三十多年的難過。

因為我無論是在求學過程，或是在初入職場，遇到很多
貴人與好友，他們當中很多是外省人。然而，餐會之後，我
幾乎和大多數外省朋友及師長斷絕來往，最大的原因是時勢
使然，即便本省人的老朋友也一樣，我不想因為自己當年被
認定的叛國行為，讓好友們受累。

近年來，我又回到原來的我，老師老友也都恢復往來，
但和當年的友誼與情份相較之下，似乎總是隔了一層什麼，
尤其得知我想做的事情時，有些人抱持相當不以為然的想法，
怕我「又要搞意識型態」；也有人擔心我會不會招致困擾。

為什麼會這樣呢？不過是以一個熱愛新聞寫作的人，
懷著重回當記者的樂趣來做這件事，怎麼會引來那麼大的不
安？除了少部分屈從於統治者的本省人或外省人之外，絕大
多數的外省人在國民黨當年整肅掃蕩時所受到的迫害，比起
臺灣人有過之無不及，為什麼也那麼害怕碰觸舊創呢？

又是那深溝！深溝不只存在於我和父母之間，也存在我和當年的貴人好友之間，深不見底，難以跨越。

掌握歷史解釋權

真相，我相信把真相找出來，把統治者刻意隱瞞的史實釐清，再經由理性的思考與論辯，是弭平鴻溝、避免撕裂的唯一途徑。否則它將持續在每次的選舉中成為政客操弄的議題，阻礙臺灣的團結與進步。

因此，近年來，我不斷勸一些老一輩的、以及我這一輩的朋友，一定要把每個人自己的經歷寫下來，可是到頭來自己也沒寫。

大多數人不寫的理由是客氣，總覺得自己沒什麼值得寫的；上一輩的原因更多，語言與文字是最大障礙，長期白色恐怖更讓他們成為噤聲的一代，也難怪下一輩無法瞭解他們，而歷史的解釋權就此喪失，也因而產生深不見底的代溝以及對自己生長土地的陌生與嫌棄。

我因此決定不憚鄙陋，在我 60 歲生日為自己許了一個願望：希望能訪問 100 位 1930 年以前出生的長者，或是相關事件的當事者，由他們來訴說 1940 年到 1950 年這 10 年間，在臺灣所發生的故事。

會選擇幾個特定問題的原因是，除了二次世界大戰是那段時間最重要的大事之外，臺灣還包括改朝換代，以及因為中華人民共和國成立，由中國到臺灣的大批難民（註6），和這個難民政府得以在臺灣鞏固它的統治權威的幾個關鍵大事

——二二八、清鄉與白色恐怖是在政治上全面消滅臺灣菁英；四萬換一元是國民政府貪腐無能的鐵證；三七五減租與耕者有其田，則是外來政權有計畫的剷除既有的中產階級，並藉機施恩予投靠者，它所造成對臺灣農業的傷害，如農地細分及毫無農業發展政策等，損失難以數計。

在採訪過程中才發現，原來國民政府剛接收臺灣時，在中國拉伕打不過共產黨，又到臺灣募兵去打內戰，這批為國民政府在中國土地上效命的臺灣兵，大多數戰死沙場，有的被共產黨俘虜成為解放軍，有人被共產黨派去參加韓戰，成為國民黨宣傳的「一萬四千個證人」中的證人；僥倖回到臺灣的竟然被視為逃兵，經過一些人的努力，甚至有人因而犧牲生命（註7），換來的只是每人給予 20 萬的補償金，而且必須是符合低收入戶資格的才能領取。至於內戰期間每天忙於「轉進」，根本沒發給一毛錢薪水。

臺籍國軍不如漁船民伕

一位受訪的老兵憤憤難平的說：「整個政權都逃到臺灣來了，怎麼反過來說我們是逃兵？」這樣的邏輯其誰能懂？

連「徵僱用漁船民伕」都可以給予 80 萬元的撫慰金，國防部正式在臺招募的士兵，回臺後向軍方報到沒人理會，經過不斷爭取，竟然只給予 20 萬元的所謂「補償金」，國家的軍人竟然不如船伕，只因為他們是臺灣人！

這麼懸殊的差別待遇至今還存在於咱們的政府；反觀異族的日本政府，當年為皇軍作戰的二等國民，戰死的一律奉

祀在靖國神社。換成你我，你會不會轉而懷念起日本人來？

二戰期間的軸心國如德國、奧地利，都把屠殺猶太人的血腥戰俘營改設為紀念園區，成為許多觀光客必遊景點；越戰是令美國人難堪的慘痛回憶，美國人仍在首都華府，設立莊嚴沉重的越戰紀念碑。所有這些，目的之一都在提醒世人，不要再重踏歷史的覆轍。

只有在臺灣，根據日本政府的統計，二戰期間臺灣人被迫離鄉參加太平洋戰爭的有 20 萬 7,183 人，死亡而被奉祀在靖國神社的有 30,304 人，失蹤的有 1 萬 5 千餘人。至於被國民政府徵募去參加國共內戰的，估計至少也有 1 萬 5 千人以上，回來的只有數百人，其餘一兩萬人，葬身在塔山戰役、淮海戰役、抗美援朝戰爭……中，沒有名字，不知所終。

這些數字還不包括戰爭期間被美軍掃射死傷的平民百姓；約占當時 6 百萬人口的 1/10。每一個數字都是家庭的破碎和親人的哀思。這樣的慘痛犧牲，至今全臺僅高雄旗津有一個勉強成立的戰爭與和平紀念公園，那是老兵以血淚，以生命換來的；臺中寶覺寺一隅也有一個紀念碑。此外，彷彿戰爭從未在這塊土地上發生一般，沒有任何足以警醒世人的紀念園地，沒有可以讓受難家屬及後代頂禮膜拜的處所。

可憐百勝灘邊骨

臺灣早年屠宰牲畜的屠宰場附近，民眾都會自動自發立上一塊「獸魂碑」，每年都會定時祭拜。連宰殺供人食用的牲畜尚且為牠們立碑，戰爭期間死了那麼多人，政府竟然可

人不如獸？臺灣習俗，對於被宰的牛豬等獸類，都會在屠宰場旁立碑祭拜，二戰期間戰死及失踪超過四萬人的臺灣兵，除日本人奉祀於靖國神社外，至今未見官方立碑紀念。

寶覺禪寺位於靈安故鄉紀念碑旁的「和平英魂觀音亭」，為日籍友人發起捐助建造，以告慰喪生的臺灣人日本兵。

以不聞不問，不禁令人懷疑，難道臺灣人的性命不如畜牲？

更令人不忍的是，前立委魏耀乾於 2011 年初到菲律賓時，無意間聽說在距離菲律賓旅遊勝地百勝灘 3 公里，有一處埋葬臺灣兵的萬人塚，其中極可能連前總統李登輝先生的胞兄也埋骨於此。

菲律賓戰場在二戰末期日軍死傷慘重，當中有很多臺灣人，這些被迫為日本皇軍付出生命的臺灣無名英雄，而今埋骨異域，萬人塚任其荒廢，對照於國內四處可見的慶祝建國百年的歡騰，你又會是什麼樣的心情？

這些都是歷史課本找不到、老師也不會教的臺灣事。我們就請當年親身經歷的人來說分明。

過程中，每位受訪者都很認真準備，有的翻箱倒櫃把所有我可能用得著的陳年資料都拿出來，每一位都很認真向我訴說他們的生命故事，常常因為年代與語言的隔閡，我問了很多愚蠢的問題，他們也不以為意，耐心解釋，直到我全盤了解為止，這樣的心意令我感動萬分。加上每一位的故事都是時代的刻痕與他們生命的印記，即便是鄉間不識字的老嫗，也都給我們許多深刻的省思，我決定延長採訪時間，仍然至少找 100 位人士，但分期出版，繼續把他們的故事紀錄下來，來填平這段歷史的罅隙。

無知造成偏執。一旦讓無知者掌權，更將為土地與人民帶來災難。臺灣近年來的情況不就是如此嗎？

做個有文化的國民

解決目前嚴重撕裂與族群操弄的唯一途徑，就是把歷史攤開來，大家以理性的眼光來檢視，一如德國在二戰期間殺死多少猶太人、德國曾經占領過法國的土地、英國和法國也是世仇……，在這麼多恩怨糾葛的歐洲，戰後不到 50 年，可以結合成為歐洲聯盟，這是人類智慧的呈現，也是令人敬佩又羨慕的歷史演進。

再看美國建國兩百多年間，黑人的地位從早期的奴隸，而今得以選出一位黑人血統的總統，這些都告訴我們：一個偉大的國家，族群從來不會是無解的問題；也告訴我們，只

有正視歷史，這個國家才有未來。

我們不以人廢言，且以連戰先生的祖父連橫的《臺灣通史》序作爲結論：「夫史者，民族之精神，而人群之龜鑑也。代之興衰，俗之文野，政之得失，物之盈虛，均於是乎在。故凡文化之國，未有不重其史者也。古人有言：『國可滅而史不可滅。』」

「顧修史固難，修臺之史更難，以今日修之尤難，何也？斷簡殘編，蒐羅匪易；郭公夏五，疑信相參；則徵文難。老成凋謝，莫可諮詢；巷議街譚，事多不實；則考獻難。重以改隸之際，兵馬倥傯，檔案俱失；私家收拾，半付祝融，則欲取金匱石室之書，以成風雨名山之業，而有所不可。然及今爲之，尚非甚難，若再經十年二十年而後修之，則眞有難爲者。是臺灣三百年來之史，將無以昭示後人，又豈非今日我輩之罪乎？」

讓我們選擇不要成爲罪人，做個有文化的國民。

註1 在《臺灣歷史人物小傳：明清暨日據時期》書中，說吳德功：「曾為『臺灣通志局』主修彰化縣志，已完成採訪冊，乙未時散逸。割臺時，任臺灣地方聯甲局正管帶，參與抗日。失敗後避亂鄉居。日人欽其聲望，聘為彰化辦務署臺中廳參事、臺灣舊慣調查會事務囑託、總督府史料評定委員，並授紳章。1918年創設彰化銀行。」
在文建會的國家文化資料庫中記載更明確，說在日軍入臺北城之初，吳德功曾應臺中知府孫傳衰之邀，計議防範事宜，並籌設「聯甲局」，募練勇、捕盜賊，對彰化社會秩序的維持，貢獻頗大。

並說：《臺灣士紳錄》評之曰：「忠誠悃篤，急公好義，邑中大小事件，人無不就謀，謀而莫不通」畢生重視社會福利，彰化育嬰堂、忠義祠、節孝祠之籌建，皆由吳氏主其事。

在網路上找到一個名為「網路古典詩詞雅集」中，版主把吳德功的一生整理成年表，其中重要者包括：

1884 年「法軍犯臺，父登庸出力助餉，受封六品。

西元 1888 年，光緒 14 年，39 歲，9 月，施九緞之亂起，與士紳協助彰化縣令李嘉棠、朱公純等平亂。援助彰化儒學教諭周長庚。

1906 年，明治 39 年，57 歲，將所屬部分田租充入彰化慈惠院，並將善養所男女魂魄牌位請入院祭祀。

西元 1923 年，大正 12 年，74 歲，日皇太子來臺巡視，與連橫等 15 位本島人士列名「學者」。

西元 1924 年，大正 13 年，75 歲，遷建彰化節孝祠。5 月 25 日去世，享年 75 歲。

註2 該位家住基隆的二二八受害者林木杞先生，於 1993 年到立法院向我陳情，當時二二八補償條例還未通過，他因遭鐵絲貫穿四肢導致殘廢，其後精神上又飽受威脅，始終活在白色恐怖的陰影中，雖有妻子卻無子女，老來貧病交迫，情況令人同情。

據林老先生表示，他當年得以逃過死劫的原因是他生來瘦小，又被串在 10 人 1 組的最後一個（我曾為此親至基隆拜訪林老先生，他親口告訴我是 10 人 1 串，唯，大約在同時，阮美珠女士訪問他時，他說是每串 9 人而非 10 人），國軍掃射時，他幸未被射中，推下海後他被堆在屍首的最上層，他是在死人堆中等候很久，確定國軍全部撤離後才獨自掙脫逃走的。

1993 年當時「二二八賠償條例草案」已經在立法院一讀通過，以國民黨員占多數的立法院卻一直推拖，林木杞先生因生活無著，且已兩度中風，生命如風中殘燭，不得已於 7 月 5 日向基隆市政府陳情，懇請基隆市政府准予按月借貸 3 萬元生活費，至賠償金撥下即予返還，市府函覆不予同意，轉而到立法院向我陳情。結果他終究無法在有生之年得到政府欠他的一點實質補償。

註3　我在師大時的老師馬驥伸先生說，二二八事件發生後不久，他在街
上行走，被軍人盤問：「那裡人？」他答曰：「外省人。」即放行。

註4　1949 年 3 月 20 日晚上 9:15 左右，臺大法學院一年級學生何景岳和
師院博物系學生李元勳共乘一輛腳踏車，經過大安橋附近時，被中
山路（一說中正東路）員警謝延長以違反交通規則攔下，雙方發生
衝突，兩名學生被毒打一頓，並於 10 點左右押往臺北市第四警察分
局（今大安分局）拘押，臺大及師院數百名學生獲悉此事，包圍分
局聲援同學，並提出五項要求：

一、嚴懲肇事人員。

二、受傷同學由警局賠償醫藥費。

三、由警察總局長登報道歉。

四、請總局長公開向被害同學道歉。

五、登報保證以後不發生類似事件。

警方只得釋放兩名學生。

次日，兩校學生代表又到臺北市警察總局請願，陪同請願的學生與
民眾超過 1000 人並包圍警局，警方在群眾壓力下被迫道歉，學生沿
路高唱中國學運歌曲「你是燈塔」、「跌倒算什麼」，並高呼中國
學運口號：「反內戰」、「反飢餓」、「反迫害」，引發當局高度關切，
認定校園受到中國共產黨的統戰與滲透。

3 月 29 日，臺大法學院舉辦營火晚會，會中高唱中國解放區歌曲，
消息傳到臺灣省主席兼警備總司令陳誠時，陳誠決定鎮壓學生運動，
下令當時擔任警備副總司令的彭孟緝緝拿「主謀份子」。

1949 年 4 月 6 日，軍警包圍臺大及師院學生宿舍進行逮捕，學生以
餐桌椅擋住樓梯口，並向軍警摔東西反抗，最後軍警衝破包圍逮捕
學生，並以卡車運走。共有一百多名學生被捕，7 人被槍決；其中師
院學治會主席周慎源雖然逃脫，但據說不久後在清鄉中仍遭殺害。

當天報紙刊出一份警總擬拘提的 28 人名單，宣稱他們是首謀，「有
擾亂秩序、妨害治安、搗毀公署、私擅拘禁執行公務之人員等行為，
為維護社會安全與保障大多數純潔學生學業，已電令兩校當局迅速
拘案依法偵訊。」

臺大校長傅斯年，對當局不經法律程序逕行進入臺大校園逮捕師生高度不滿，親自找最高當局交涉，要求逮捕師生必須經校長批准，他甚至警告彭孟緝：「若有學生流血，我要跟你拚命！」有多位教授因搶救學生，被當局解聘。

之後，臺灣省政府命令師範大學停課，所有學生一律重新登記，兩校都被大力整頓一番，校方實行軍事化管理，校園戒嚴正式開始。也為五十年代的白色恐怖展開序幕。

1995 年，兩校學生社團發起「四六事件平反運動」，兩校分別組成資料蒐集小組與研究小組進行調查，2001 年 1 月 11 日，教育部長曾志朗代表政府正式向受難學生及家屬道歉，聲明該事件與共產黨的滲透顛覆無關，而是基於社會正義的訴求，「四六事件」受難者才正式得到來自官方的平反，時間相隔 52 年。

註5 「耕者有其田」是中國共產黨在國共內戰期間提出的政策口號，中國國民黨在臺灣實施，因為推行得太徹底，前菲律賓獨裁者馬可仕曾有意效法，但因馬可仕的人馬中有不少大地主，不像國民黨政權因為剛逃難到臺灣，掌權者在臺全無產業，因而難以在菲國複製。

中華民國憲法第 15 條規定：「人民之生存權、工作權及財產權，應予保障。」然而國民黨政權在實施三七五減租及耕者有其田政策時，完全無視憲法對於人民財產權的保障，諸多實施過程的細節均以行政命令強勢推動。這部分，政治大學地政系教授徐世榮曾多次撰文，提出許多實施土地改革時的違憲舉措，連當時的萬年立委也在考察報告中，直指這是命令變更法律，是違憲的。徐教授曾一再為三七五地主請命，並主張轉型正義應包括土地改革，但未獲理睬。作為一個小地主的後代，個人並不認為土地被徵收是那麼痛苦的事。但強烈主張擁有國家機器的人不應無視最基本的公平正義原則。事後證明，所謂土地改革不過是外來統治者用以對臺灣人民財富重新洗牌，把強取來的資源，分配給屈從於統治者的人而已。也是造成長期階級怨懟的原因之一。

對先祖父而言，他的土地與產業，全是他和祖母白手起家，辛苦打拚的成果，根本難以和辜家那種大地主相提並論。當時遭殃的絕大

多數是像祖父這種殷實小民，土地改革對他而言是難以承受的浩劫。此處原本用「浩劫」形容，只是替無法發言的小地主舒一口 60 年前的怨氣而已，用心為我校稿的許璧蘭認為不妥，因而改為「洗劫」。

註6 根據教育部國語辭典的解釋，「難民」是：「由於天災、戰禍、種族和宗教迫害、政治避難等因素流離失所的人。」

註7 根據維基百科中，有詳細的許昭榮先生的傳略。重要者如下：許昭榮（1928 年 11 月 13 日 -2008 年 5 月 20 日），臺灣屏東人，於1943 年參加日本海軍特別志願役第二期，成為臺籍日本兵，次年自日本海軍飛行機整備軍校一、二期畢業。

1947 年二二八事件時，以其有海軍術科專長，被國民政府強行徵召投入海軍「臺灣技術員兵」遣往上海、青島等地，從事戰後接收日本 34 艘賠償艦的修復工作，目睹戰爭的殘酷與無情，後隨國民政府撤退返臺。1949 年被派至美國接收「太湖號」護航驅逐艦。

1955 年許昭榮再度被派赴美接收「咸陽號」驅逐艦，看到紐約時報報導臺灣共和國臨時議會在東京成立的消息，因此形成了許的臺獨意識，決定將臺灣獨立運動的消息傳入臺灣，因而被捕，服刑十餘年，期間妻子改嫁。

位於高雄旗津「戰爭與和平紀念公園」的主題館。經許昭榮的強力爭取後，於 2005 年破土興建，卻因經費太少，以及政府漠視，高雄市政府在 2011 年中拉上封鎖線，將紀念館旁公園，以海岸線侵蝕嚴重，部分海岸已塌陷等理由，嚴禁民眾進入。從破土到敗壞僅僅 6 年，照這種破壞的速度，在我們都看得到的不久的將來，這些都將沒入海底。臺灣兵的悲慘歷史，是否也只能任海浪越漂越遠，終致消逝至無影無蹤？

許昭榮後來經商，曾因將外銷產品外包裝的產地印為「Made in Republic of Taiwan」遭密告涉嫌叛亂再遭逮捕，幸救援得當獲不起訴處分。後以經商身分出國，參與南加州人士聲援施明德獄中絕食而成為政治難民，1986 年獲加拿大政府政治庇護。

據許昭榮的友人轉述，在中國戰場上，他不忍見臺籍同袍戰死被棄屍荒野，私下將他們埋葬，並在靈前應允日後一定將他們的遺骸帶回臺灣。許昭榮果然信守諾言，獲得加拿大政治庇護後，即到中國尋找仍

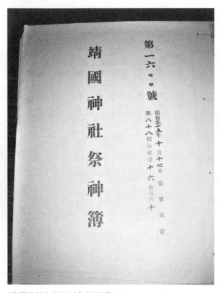

靖國神社祭神簿封面影本。

健在或已戰死同袍的下落，黑名單解除後並返臺積極投入為臺籍老兵及遺族討公道的工作。1994 年創設全國原國軍臺籍老兵暨遺族協會。

許昭榮後來回高雄積極推動建立「臺灣無名戰士紀念碑」的工作，吳敦義任高雄市長時，應允將旗津一塊原是任人丟廢棄物的土地，改建為「戰爭與和平紀念公園」。

2008 年 3 月，高雄市議會竟通過提案，更名為「和平紀念公園」，其間也一度欲改為八二三紀念公園，並欲遷走「臺籍戰士紀念碑」，許昭榮因而於 5 月 20 日在紀念碑前自焚而死，並於現場留下遺書。遺書中指責國民黨與民進黨漠視「臺灣歷代戰歿英靈」，部分內容如下：

我依據自己的意志，以死抗議臺灣執政者長期對「歷代軍人軍屬臺籍老兵」之精神虐待。國不像國，政府不像政府……，對現行退輔制度，偏袒「老芋仔」剝削「番薯團」表示不滿；國民黨、民進黨

執政期間，不但未給予「臺灣歷代戰歿英靈」歷史地位，且未曾舉辦國家級的追思或弔祭，讓約四萬位臺灣先靈在海外流浪六十餘年。諷刺的是，許昭榮最積極工作時期，正是被臺灣人寄予厚望的陳水扁執政時期，然而，當旗津風車公園的「臺灣無名戰士紀念碑」落成時，不忌諱為廟宇及八大行業送匾題字的陳總統，卻婉拒為紀念碑題名；當時的高雄市長謝長廷也未到場參加落成典禮。而他選擇自焚那天正是陳下馬上的同一天，有人解讀他的自焚是為抗議馬英九就職總統。

臺灣兵入祀靖國神社部分名單，由高雄市關懷臺籍老兵文化協會向日方取得。

媽祖接炸彈

受訪者背景

王文科

性別：男

出生年月：1923 年 7 月 12 日

訪問時間：2010/7/16

地點：埤頭王宅

訪問人：陳婉真

世居彰化縣埤頭鄉，不識字，當長工時間長達 30 多年，從小因父親不事生產，散盡家財，為了養活母親及妹妹，就到採收過的番薯田間撿拾農民不要的番薯；稍長，到地主家任長工。他常說，除了幫女眷倒尿桶（註1）沒做過之外，其他什麼事都做。憑著比別人更努力的工作態度，養活一家，而今子孫均事業有成，他依舊天天到田裡種田，他說，如果不工作反而全身痠痛；直到現在，王文科做起事來身手仍很俐落，大多數年輕人遠非他的對手。兒子笑稱他是「日本製」──耐磨耐操無人能比，這也許正是他得以健康長壽的祕訣吧。

戰時很多人被調到海外當軍伕。我因為不識字，被調去
當農務工。

我們當農務工是由各地的鄉鎮公所派去的，沒有統一的
制服，各自穿自己的衣服。

第一天到岡山。我看到飛機場放了很多竹子編成的假飛
機，還畫上日本國旗，有點像晾米粉的架子 (註2)。

我們好幾百人都住在機場旁邊的破草寮，為了安全考量，
晚上不能點燈。第一天晚上到了三更半夜，很多人都聽到彷
彿死狗撞墓壙 (註3) 的吵鬧聲，全寮的人都被吵醒，有人說那
地方以前是墓仔埔，不乾淨。

聯軍來狂掃

第二天我們就到阿蓮，我們的任務是開闢飛機場。但是，
兩、三天以後聯軍就大舉來掃射，我們看到很激烈的空中交
戰。敵機來了好幾百架，日本只剩下一些訓練用的戰鬥機，
只見日本飛機飛上去不久，就一架一架被打下來。我們聽說
高雄被炸得很慘，阿蓮機場的日本飛機都被擊落了，我們跑
到不遠處看飛機殘骸，只看到飛行員被炸得血肉模糊，剩下
一小塊一小塊的人肉和腸子。

幾天後，一位婦女帶著婆婆和兒子，駛著馬車逃難過來，
是從高雄來阿蓮避難的，據她說高雄都快被打爛了，死了很
多人，也有人逃到山裡去躲起來。

因為物資缺乏，我們每人每餐只分配到一碗飯，沒什麼
菜。我們做工的根本就吃不飽，只要你餓不死就好了，我們

只好到山上找尋野菜、芋仔根等來充飢。

　　這樣等了大約一個月，原本是要把我們送到海外的，但是看起來日本快輸了，後來我們就各自回家。那時應該是日本降服了，警察也不管我們，我跟著大家到臺南搭火車，第一天因為人太多太亂，無法擠上車，等到第二天我才搭上火車回到家裡。

　　我們埤頭戰時也被轟炸得很厲害，因為在「五

埤頭合興宮：埤頭合興宮裡擺著一顆未爆彈，旁邊說明「媽祖接炸彈」的傳說事蹟。

庄仔」那裡有飛機場(註4)，常常有「美軍機仔」或「重慶機仔」(註5)來轟炸。那時的掃射很厲害，尤其是「重慶機仔」最厲害。有一次我剛好帶一群女工要去田裡搓草（除草），飛機一來，大家趕緊跳到旁邊番薯田裡，等掃射過後，起來一看，赫！我們躲的旁邊一壟番薯田整排都是坑坑洞洞，差幾尺我們就沒命了。

　　日本政府規定，家家戶戶在自家院子都要挖防空壕，先挖個坑洞，鋪上大杉，坑頂上面再蓋泥土砂石等；路的兩邊也都規定每隔一段就挖一個如古井大小的圓孔，約一人高的深度，有空襲時，路人就躲到路邊的圓孔裡。那個孔看起來

不大，有一次我一個人試著要進去都有點困難，但情況緊急時，四、五個人全跳到一個坑裡躲起來，竟然也容納得下。

那時的炸彈很厲害，大顆的炸彈大小約和汽油桶差不多，炸下去地面立刻就像挖了一個水池；爆炸開來的碎片比刀子還利，萬一被掃到都是很嚴重的傷害。

說來也許有人不信，不過整個看起來埠頭雖然被轟炸得很厲害，死傷的情況倒還好，傳說是因為媽祖顯靈，在空襲最厲害的時候，媽祖起身到半空中接炸彈。我們的媽祖廟裡現在還擺著一顆戰時的未爆彈。（註6）

占領移民庄

我們埠頭有幾個移民庄。移民庄從田尾一直到海邊都有（註7）。日本人把東螺溪沿線的公有地劃好後，鼓勵日本內地人移民臺灣，每戶給好幾甲土地讓他們耕種，並規劃好隔多遠就有一條路，多遠就有一條排水溝、浮圳……等。他們的房子也規劃成新社區，每戶1.5分地，是很整齊漂亮的住宅區，蓋好後日本人才搬來。後來日本人走了以後都被在地人占住。現在大部分都已各自改建，除了道路還是很直，已經看不出當年的樣貌了。

日本人回去的時候，很多東西帶不走，都嘛便宜賣或是隨便送人。

戰後占地的情況很普遍。因為我那時在做長工，否則以我的能力，可以占很多田園厝地。我只能利用工作之餘占了幾分原先日本規劃的水利地。我聽說這種土地各鄉鎮處理方

式不同，田尾鄉都依現狀登記為占用戶所有；埤頭還不敢這麼做，所以我至今占用的土地中有的就把它買下來，有的還沒買。

知足惜福老長工

四萬換一塊時我在埤頭當長工，頭家給的薪資早上還能買一升米，下午就買不到了。我向頭家說，這樣我沒有辦法養活我母親和妹妹，決定離職。因為田中有一位頭家提供的條件是一個月給我 1.2 石的米，工作也比較輕鬆，只要我按時去放田水就可以了。但我舅舅知道後說，他願意每個月給我一牛車的稻穀，就這樣，我到舅舅家做了 9 年多的長工。我做長工很搶手，因為我很努力工作，別人中午休息，我都是午飯吃完馬上又去耕田，做的比別人還多還快，頭家都很欣賞，爭相來僱用。

說起來農民很可憐，日本時代戰爭時，自己種的稻全部要交農會，想吃米還要偷偷用酒瓶裝好藏起來，萬一被抓到不但被打得半死，還要被罰錢，查到的米也要充公！榨油也一樣，要偷偷拿到「油車間」（榨油廠）去榨，像小偷一樣。

老蔣（指蔣中正）來了以後，初期兵仔想吃米搶了就走，沒事；兵仔車撞死人也沒事！比日本人還可惡。

談到三七五減租及耕者有其田，原先我在埤頭做長工時，頭家看我勤勞，說他有一塊農地可以讓我耕種。可是我離開時，他說我既然辭職，那塊地也要還給他。我是老實人，就

還他了，否則耕者有其田嘛，我如果堅持不還，他也沒辦法。

後來我又去舅舅家做長工，如果那時我不去做長工，而是去當舅舅的佃農，那我也可能可以取得很多田。所以耕者有其田我沒有得到什麼利益。

話說回來，無論是地主或是佃農，我的看法是，人越是有錢，如果不懂得惜福節省，也不一定能守得住家產。我看當年的有錢人，到現在十個之中有八個人的子孫後代日子都不好過，我對我的現狀很滿足。

註1　往昔臺灣傳統民家廁所均不在屋內，夜間婦女如廁不便，多在房內放置尿桶，每天早上起床後才倒掉並清洗。

註2　戰爭末期，日本人各項戰略物資都極度缺乏，聯軍轟炸頻仍，乃製造假飛機引誘聯軍來襲，企圖消耗聯軍的火力，但一、兩次之後發現轟炸後不會爆炸，聯軍知道是偽裝，就不再上當。

註3　「死狗撞墓壙」，臺灣諺語，形容很吵很恐怖之意。

註4　五庄仔在現今的竹塘鄉五庄村。埤頭鄉的機場則在大湖村，在現在的埤頭鄉中央路、東環路與大湖路一帶，兩個機場相去不遠，是當年日軍規模很大的空軍基地。

註5　經多方查證，除 1943 年 11 月 25 日轟炸新竹機場那次之外，迄無法查到二戰期間，中國是否曾調派飛機參與轟炸臺灣。有可能是當時臺灣人心向中國，一廂情願的把美軍機當成重慶機。

註6　根據埤頭鄉合興宮管理委員會印行的《合興宮誌》中記載，戰時在

合興宮北側二公里處,盟軍曾投下 5 百磅炸彈一枚,倘若爆炸,後果不堪設想。「本宮聖母乃大發神威,顯靈承接此彈,因而得以未爆,保全了眾弟子的生命和財產。據傳聞,當時投彈的美軍飛行員,曾看見有一臺灣婦女,身著紅色衫裙,纏足,穿三寸金蓮,以裙襬承接炸彈。據說聖母為了承接炸彈,還斷了一支手指頭,後來由雕佛師傅接了數次,都未能接上,最後求得聖母應允,才得以接好手指。」該顆五百磅炸彈,目前陳列在合興宮內。

註7 日本治臺的第 4 年,濁水溪發生嚴重水患,日本人修築堤防,將原行經東螺溪的濁水溪改道,改變成今日行經西螺溪的現況;並把彰化境內的舊濁水溪河道規劃成帶狀的河川新生地,從田中和田尾交界附近開始起算,依序為 1 番、2 番……,到福興鄉為 15 番;在地人通稱為「移民庄」,在埤頭鄉高速公路交流道附近為「7 號仔」。)

受訪者背景

受訪人：王柯秀霞、王振文
出生年月：1926 年
訪問時間：2010/10/08
地點：王宅
訪問人：陳婉真、蘇美珠、王薇喬

王柯秀霞之夫王鈴河先生於日治時期志願服役於日本海軍，軍艦駛出外海不久，即傳來日本戰敗投降的消息，軍艦改航至日本。王鈴河和同艦同袍留在日本 2 年後返臺，同袍繼續留在日本娶妻生子，兩家成為至交，2 人雖已先後過世，家族繼續保持這份難得的戰亂情誼。王振文係王柯秀霞之子，雖係 50 年代出生的一代，因為一直和父母同住，事親至孝，父母的往事他知之甚詳，訪談中亦有許多係由他引導，讓起初不太願意談的王柯秀霞漸漸進入情況，越談越精彩。

‧ 王柯秀霞（以下簡稱霞）、王振文（以下簡稱文）

霞：我一個哥哥當日本兵，在海南島戰死，因為那時工作不好找，他就去當志願兵。死後日本政府有把他的衣服寄回來。

文：我父親戰時是當海軍志願兵。日本政府規定兄弟 2 人中就要抽調 1 人去當兵，我父親有一個大他 3 歲的哥哥。因為伯父要養家顧厝，爸爸個性比較活潑，自己決定去當志願兵。

父親和母親是因為同在一個工廠工作認識的，他們算是戀愛結婚的⋯⋯。

霞：哪是？是大家起鬨的。我們是在做柴屐（日式夾腳木屐），他爸爸負責裁布，我的工作是把布摺成的夾腳帶釘到木屐板上。每次工廠下工，他和幾個朋友就在門口吹口哨，後來弄假成真。

文：家父 3 歲時祖父就過世了，公學校畢業後阿伯帶他出外學做工。那時「和美織仔」主要是織蚊帳布和工業用布，他在工廠學得一手好手藝。

父親當兵那年 18 歲，母親 16 歲。當兵前兩人先訂婚，因為父親威脅母親說，如果不訂婚，他就不去當兵。

霞：他帶我到彰化，穿著兵仔衫和我拍了一張照片。

水劫換死劫

文：父親入伍後即到左營海軍訓練營集訓，開赴海外戰場前，
　　再作一次體檢。

剛到不久，大家一方面集訓，一方面準備參加海軍運動
會。父親在接受 50 米游泳訓練時，因為得了感冒，游
得比較慢，教練說水兵游這麼慢怎麼參加比賽，把他的
頭壓到水裡好一陣子，吃了不少水。等到出海前的體檢
時，軍醫看他的肺部 X 光片，認為不合格而沒有上艦，
事後得知，那一梯次出海的，幾乎全部戰死，想不到父
親竟因而倖免於難。

等到下一梯次體檢過關被派出海，船剛駛到公海不久，
就聽到日本投降的消息，整條船轉向駛回日本，父親和
一位家住楠梓的莊明輝先生（日名為久松明輝）下船後
就到廣島，兩人做起向美軍買貨再轉賣給日本人的生意
（註1），那年他 19 歲。

戰後日本物資極度缺乏，父親和這位大他 3、4 歲的久松
先生做生意賺了不少錢，也都在日本交了女朋友，久松
明輝先生就在日本落地生根，是一位很成功的生意人。
明輝阿伯曾告訴我說：「你爸爸口才好，人緣也好，賺
的錢比我還多。」只是爸爸不會存錢，否則他如果留在
日本，也是一個成功的商人。

父親在廣島大約逗留了兩年，因為家裡一直打電報催他
回來結婚，他才回來。所以二二八事變時他不在臺灣。

蓋碗抗議

霞：我就說我本來不願意嫁給他的，因爲我不喜歡嫁到鄉下。我們住在和美街上，他家在「大霞佃」（註2）。你知道嗎？嫁過去的時候連一頂轎子也沒有，是用人力車來迎娶的。

尤其他剛從日本回來時，找不到工作，到第一個小孩出生時也還沒有工作。那個小孩不知爲什麼生下來不哭，就沒了。

談到戰時，我們這裡也常有美軍軍機掃射，每次要拜拜時，都要透早趕緊拜過，接著就要去躲警報。有一次我走在路上碰到空襲，只好躲到隔壁人家的床底下。後來就疏開到六塊厝，幾天之後才敢回來。

我父親在菜市場擺豬肉攤，即使在物資最欠缺時，還是有得吃。我們家的三餐是整條街上吃得最好的。你就可以想像，嫁到鄉下吃的是甕菜水、紅菜飯（註3），他們鄉下吃泥鰍炸到雙頭翹我都不吃，懷孕時卻只能邊煮飯邊偷鰗仔魚乾配飯。

戰後頭幾年我們和大伯住一起。大伯夫婦負責種田，大伯還兼「牽牛車」。

40年代常用語

疏開：二次大戰的末期，臺灣遭受美軍空襲，日本當局對住在都市民眾進行「疏開」計畫，就是把都市居民遷往鄉下去避難，減低傷亡程度。

文：就是以牛車幫人運送紅磚、糖，或載稻穀到農會等，大
　　家都叫他「牛車的」。

霞：大伯那時也放領（註4）了約兩、三分的農地，後來他們自
　　己又買了一些。

文：爸爸最早是和一位福州師傅學修織布機及雕花等技術，
　　加上日本人留下一些先進的機器，和美三步路就有一間
　　織布工廠，因此，父親和兩位堂兄（其中一位王錦堂後
　　來當過和美鎮長）合夥。父親除了技術股之外，大伯還
　　用牽牛車的錢去標「穀仔會」給父親做生意。

霞：他爸爸把我的嫁粧拿去整紗，連茶盤也拿到公司用。他
　　就是這種個性。

　　我因為不想再住鄉下，工廠開始營運後我們就搬去住工
　　廠，晚上就在紡織機的「嘎、嘎」聲中睡覺。我們算是
　　吃工廠住工廠，我負責煮飯給工人吃，他們只給我買菜
　　錢，我有多少錢就買多少菜，此外並沒有領薪水。我老
　　公也沒領錢，我只知道他沒錢時就問金庫有沒有錢，有
　　就給，沒有錢也就沒給，所以四萬換一塊我們根本沒錢
　　換。有好幾次工人嫌我煮的菜不夠他們吃，飯後就把碗
　　倒蓋起來，起初我不知道什麼意思，後來才知道原來是
　　在抗議。

文：那是大約 40 年代末，50 年代初的事，大家生活都很困
　　苦。

霞：為了生活我什麼都做。我還做私菸拿去賣，說難聽點，
　　我連「腳騷間仔（妓女戶）」都敢進去賣。

文：我還有印象，父親去大雅菸農那兒搜購一些收割過後的

次級菸葉，載回來讓我們捲菸。捲完後兩邊裁切整齊，用水泥紙內面的牛皮紙包起來，有 100 支裝，也有 20 支裝的；100 支裝價格約 7、8 元；20 支裝每包 2 元。那時公賣局最暢銷的菸是「新樂園」，我們就用一個類似的名字叫「新菓園」；還有一種「幸福牌」的菸，我們的就叫「辛福牌」。新樂園 20 支裝公賣局賣 5 元，新菓園價格約是它的一半。用類似的名稱是以防萬一被抓到的話，罪比較輕。

總統阿爸的心情

爸爸他們大約是在 1979 年左右和當年一起當兵的伙伴成立一個「海軍同志會」。父親在世時，海軍同志會每次開會他一定去參加，最後一次他已經中風，行動不便，也無法講話，他還是要我載他去。那次他們每人都訂製一套當兵時的軍服，大家穿著拍大合照。

海軍同志會中比較有名的像是興農集團的楊天發等。李登輝前總統的哥哥也是在日本海軍服役時戰死的，剛開始李前總統的爸爸李金龍先生都會來參加，因為他想從同袍口中多打聽一些兒子當兵的情形，後來李登輝當上總統後他的行動受到限制才沒有來。

至於久松先生自從和爸爸分開後，生意越做越好，還開了餐廳。每次有臺灣去的人他就不斷打聽父親的消息。但因為父親當時用的是日本名字叫大田建次郎，多年後好不容易問到一位和美人，兩人才又聯絡上。

後來李登輝先生擔任總統時，他每年都受邀回國參加雙
十慶典。每次回來他都不住旅館，特地跑來住我家，和
爸爸睡同一間房間。久松阿伯常對我說，他和爸爸在日
本的那兩年，是他們人生中最困頓的兩年，也是最令人
懷念的兩年；兩人生死與共，感情比親兄弟還好。他常
交代我說，無論有什麼事都一定要讓他知道。兩家常有
往來，父母也曾經到廣島去看他們。

父親是樂觀慷慨、樂善好施的人，他在日本期間，因為
和美軍做生意，學會一些簡單的英語會話。小時候還常
聽他講：yes、no、two hundred……，說起英語來也是嘎
嘎叫的。

久松阿伯最愛臺灣的茶葉，我們和美一家很有名的貢丸
也成了他家餐廳的特色料理。直到多年後我們都還常寄
這些臺灣土產到日本給他。

他太太雖是日本人，也和我們來往密切，直到現在，一
年四季都還會收到她親手繪畫的問候明信片，我都小心
珍藏起來。父親中風時他們曾來探視，久松阿伯過世時，
我也和嫁到日本的姐姐一起前去祭拜。久松夫人目前還
健在，兩家直到現在都是好朋友。

註1 戰後日本物資奇缺，黑市生意大為流行。日語稱為「やみじぃ」。
註2 和美地名，今和美鎮彰和路三段附近。
註3 茄子又名紅菜，煮飯時把茄子整條放在飯鍋一起燜煮叫紅菜飯。
註4 放領地，指耕者有其田政策中，由政府向地主買來轉賣給農民的土
地。

市長與匪幹

受訪者背景

受訪人：王紹義
性別：男
出生年月：1925 年
訪問時間：2010/11/29
地點：彰化市第五信用合作社辦公室
訪問人：陳婉真、白權

臺灣大學社會行政系畢業。曾任職臺灣省政府社會處、
1954 年以前任職彰化縣政府，後參選彰化市市民代表、
彰化市第七屆、第八屆市長（1974~1981），現任彰化
市第五信用合作社理事主席，1966 年 2 月 25 日初次
選任，擔任民選公職時辭去理事職，1990.2.24. 復任理
事，可以說是彰化五信的最重要支柱，八十多歲還擔任
理事主席，也屬罕見（註1）。由前臺灣省議員白權介紹
並陪同採訪。

　　我讀的是社會行政系。光復後行政長官陳儀在臺北設行政專科學校，目的是訓練臺灣的公務員，二二八以後併入臺大。

　　家父從小送人做養子，所以我們小時候姓李。光復前家父的生意就做得很好，曾經到朝鮮、滿洲等地去旅遊。當時的貧富差距不大，有錢人家和沒錢人家的生活都差不多。

　　日治後期日本政府鼓勵臺灣人成為「國語家庭」，並在各項配給額度方面給予優惠，我家也是國語家庭。

　　所謂國語家庭就是全家會講日本話。雖然他們並沒有強迫我們改日本姓，但我們讀書時在學校都改了，我改姓為「太原」，取李是「太原衍派」的意思。

　　我中學讀臺中一中。原本的學制是 5 年制，但我們讀到 4 年級時，被改為 4 年制。那是日本時代第一次中學學制改為 4 年，也是最後一次，因為那年就光復了。

　　中學時老師帶我們去割草，也去飛機場，有人學騎馬，我是開滑翔機，就是一些戰備運動之類的，全校學生都去當學生兵。

　　我們也曾被派到水上，學生兵的工作就是在田邊挖壕溝，上面蓋竹子等雜物，來回走動都要走在防空隧道裡。有時候也去看管倉庫，倉庫裡各種食品罐頭很多，我們偶而會打開來偷吃。我還記得有一種飯乾罐頭，打開注入熱開水後蓋起來，不久就變成一罐漂亮又好吃的白飯了。

　　我在一中時，常被校長叫去打耳光。因為我的身高是全年級數一數二的，有一次校長要打我卻構不到，很不高興，還拿凳子墊腳摔我耳光。那時校長很有威嚴，不從命會被退學。

　　我看情況不對，請父親去拜訪校長說情。因爲戰時食物都要配給，雞蛋很稀罕，有錢也買不到，父親就把家中賣的純棉雨傘、襯衫等，拿到鄉下去換土雞蛋。校長都搭早上7：08的火車去學校，我們趕搭更早一班的火車到校長家送雞蛋，校長很高興，我居中當翻譯，以臺語要父親假哭，再向校長翻譯說他擔心我會被退學。

　　另有一次，學校規定學生穿制服外出時，不能吃東西，也不能去看電影。偏偏我肚子餓，找一位同學陪同，兩人買了香蕉，還去看電影，想不到老師也去看戲，當場被他逮到。因爲我們雖然把上半身蓋住，老師卻從下半身掀起來，確定我們是一中的學生。

　　事後我又趕緊帶雞蛋送到老師家，拜託他不要處分我們，同學也帶小禮物一起去求情。日本人絕不會收錢，送小東西去他們就很高興，我們的危機也解除了。

　　接著我考取臺中師範學校。那同時我也報考臺北高等商業學校，其實我比較喜歡讀商，但那時規定哪個學校先發表（放榜），就要去報到，我只好去讀臺中師範。

被打 67 個耳光

　　師範學校一班 12 個人，有臺灣人，也有日本人，臺灣人不能當班長。我去讀 3 天，就被那個日本人班長打了 67 個耳光。

　　我被打得很不甘心，就寫信給家裡，說在學校很好，請父母放心，父母接到信心裡有數，就帶了一些肉脯等食物到

學校來看我。結果那個日本人班長打人還偷吃我的肉脯。

我心想，一樣要被打，那我不如去當兵還好一點，因而去當志願兵。

我被派到嘉義，加入滿洲來的軍隊。那個日本人少尉很年輕，他們原本是從日本到滿洲，接著到臺灣，預備去南洋參戰的，因為沒有船隻無法前去，我的少尉長官應該是在日本中學畢業後就從軍的，和我同年，對我很好。他很喜歡和我下棋，每次下棋輸我時，因為不甘願，就叫我爬到樹上裝蟬鳴。

我們是借用學校的校舍當兵營，課堂當倉庫，平時就在附近養牛。因為附近有製糖會社，他們也製作糖果。有一種糖果裡面包一顆酸梅，很好吃，我們常去偷糖，下棋輸長官的話，就給他一顆糖，少尉很高興，問我糖從那兒來的，我老實說是偷的，他說：「那明天再去偷。」

因為沒有船隻，我們只能在部隊養些禽畜。起先我被派去養羊，我不知道太陽太大時若不及時給羊吃些鹽，牠們會死；而且不能一次丟一整把，只能讓牠們慢慢舔。結果死了好幾隻羊後，改派我養一百隻鵝，養了一陣子也不知養丟了幾隻，交出去時數目不符也無所謂。

後來我得了瘧疾住院。那時臺灣很多人感染瘧疾，是一種流傳很廣的傳染病，我為了想趕快回家，每次在量體溫時我就故意含在嘴裡，不往喉嚨較深處放，或是偷偷拿出來，目的是藉此偷存一些奎寧拿回家給父母。

不久日本就投降了。陳儀的接收人員來時，換成日本人低聲下氣，換我出手拿木屐敲他們洩憤，隨即想到蔣介石說

要「以德報怨」，就不打他們了。隔了好幾年我第一次去日本時，怕日本人會報復，先問他們會不會打我們，得到不會打的回復才敢去。

發了一筆光復財

我當兵時曾回家一次，那時我的父母都已經疏開到鄉下去了。我家住在賴和家附近，是二層樓建築，當時彰化街上二層樓房屋不多，我遠遠看到鐵路醫院附近的「竹管市仔」（今陳稜路、永興街口南側一帶。）被投下燒夷彈。美軍的燒夷彈是一次丟擲 3 顆炸彈，第 1 顆穿透、第 2 顆燃燒，第 3 顆才爆發，很可怕，我既愛看又害怕，邊看邊躲到桌子底下。

那一次算是離戰火最近的一次，反而是當兵的時候，只聽到遠方子彈的咻咻聲，並沒有真正交戰的經驗。

得知日本人戰敗，臺灣人都很高興。那時我已經在臺北讀書，因為國旗的需求很大，我特別到板橋一位親戚家請他做 1 千支手持的小國旗，我以每支 6 元的成本轉售給中盤商每支 24 元，他們拿到市場可以賣到每支 36 元。當時到處都有人搶買國旗，我搭清晨 5 點多的火車回到彰化時，已經有客戶等在門口，要買我帶回來的國旗。算是發了一筆小財。

二二八發生時我讀行政專校 2 年級，住在南門市場附近羅斯福路上的一家「高山公寓」，是專門租給學生的宿舍。那天早上醒來，發現整棟公寓的人全跑光了，只剩下我一個人，後來才知道發生大事。我趕緊到臺北火車站，先到後站，

因為我哥哥在太原路經營布行,是中盤商。

我看到從北投開過來的客運車一停下來,太原路附近一些流氓就把外省人拉下來打,有的被打到水溝裡——那時的水溝很深很寬;有的被丟磚塊,看起來臺北死傷很多,外省人也死傷很多,尤其是後站方面比較厲害。

我常想,二二八不是臺灣人的悲哀,因為政權交接過程中,難免會有一些磨擦。日本人是戰敗國,他們的軍隊即便是敗軍還是穿戴整齊,不像中國兵剛來時,穿草鞋、揹著鍋子,毫無軍紀軍容可言。但是,臺灣人不知道他們在中國打內戰也打得很厲害。臺灣人會看不起中國人也是由此而來。

那天因為臺北街頭很亂,火車停開,我很害怕,趕緊挑比較平靜的巷路徒步走到板橋,再從板橋搭載貨的列車,票也沒買,趕快回到彰化來。

股票像廢紙

四萬換一元當時還是父親當家,詳情我不清楚,只記得父親把家裡的錢通通換過,才換了7、8千塊錢而已,物價又一直漲,父親非常煩惱。不過生意人嘛,上游漲下游也跟著漲,最終錢還是能賺回來。

我還記得剛上大學不久,錢很好用,上酒家只花舊臺幣10元就足夠喝酒及叫酒家女陪酒了。此外,我畢業第1年在臺灣省社會處實習時,月薪是1百元,那時應已改為新臺幣了。

　　三七五減租只徵收農地，都市建地不徵收。我家共業的田也被徵收，換給你一些四大公司的股票，還有一些食物債券。我有一塊 8 分多的農地，在香山里一帶，幾年前開闢中二高工程被徵收時，得到 3 千 4 百萬元的補償費。所以我算是幸運的。

· 白權（以下簡稱白）

白：我聽說很久以來國稅局每年公布 10 大繳稅大戶，其中有兩位不公布姓名，他們是連戰和吳伯雄。聽說連戰的父親連震東當時任東南軍政長官公署土地處處長，負責土地改革業務，因為四大公司的股票不值錢，很多地主分到股票後不是不去領，就是便宜賣掉，連家就是到處收購這些股票而致富的。

王：當時的確很多人不去領，像楊老居 (註2) 也沒領，因為領不了多少錢。

和張克輝是親戚

白：我聽說前中國政協副主席張克輝 (註3) 是您的親戚？

王：他是我太太的哥哥。因為光復後中央政府在臺灣招考各大學學生，他考上廈門大學。那時我和太太還沒訂婚，但兩家互有往來。他要到廈門時，找船隻有困難，我剛好在省社會處實習，因為業務上的關係，我特別去拜託海軍工會的工人幫他打點。離開臺灣時他一個人到基隆港，只有我去送行。後來因為局勢的關係，我們就沒有

聯絡了。

政府開放大陸探親前，有一次他因爲想念家人，特別找
到我當時在紐約唸書的兒子，讓兒子轉告我，我再轉告
我岳父，請他到中國去探視；我擔任市長時，岳父和我
妻兒全家（除我之外）都到日本，和張克輝約在那裡見
面(註4)。

開放探親後我曾去看過他，我特別帶些美金去給他。我
岳母死時，他不能回來；幾年後我岳父死時他終於獲准
回來奔喪，那次就住在我家。最近一次回來是參加媽祖
文化交流。

註1 王紹義先生於 2011 年 6 月任滿退休。

註2 楊老居，1899 年生，1915 年畢業於彰化第一公學校（今中山國小），
大學畢業於臺北醫專、東京醫學專門學校，回老家彰化開設磺溪醫
院，日治時期參加文化協會，文協分裂後為新文協的中常委、新文
協機關報大眾時報社取締役，參加 1935 年日本在臺灣實施的地方自
治選舉，當選為彰化市議會議員。1952 年創辦「慈生家園」，收容
並照顧失依及身障兒童，係結合醫療、復健、教養的專業家園。

註3 張克輝，1928 年出生，彰化人，為中國位階最高的台裔官員，
曾任全國政協副主席（1998 2008）、臺灣民主自治同盟主席
（1997~2005）。1942 就讀彰化高商，1947 就讀臺灣省立師範學院，
1948 年赴福建廈門大學主修經濟。

註4 市長是公職，戒嚴時期和匪幹見面是重罪，因此王紹義無法前往。
據王紹義的兒子補充說，他在美國唸書時，舅舅主動聯絡上他，好
不容易才安排全家到日本見面。兒子說，當天晚上，舅舅和外公外
婆及母親，4 個人擠在同一張床上，大家抱成一團又哭又笑，場面感
人。

賢能世家

卯得春風多財得

庚甲鼎新華廈榮輝

左：吳則叡；右：楊添鎮

二三八 託孤避禍

受訪者背景

受訪人：吳則叡、楊添鎮

性別：男

出生年月：吳則叡（1939）、楊添鎮（1924）

訪問時間：2010/12/23

地點：梅山吳宅

訪問人：陳婉真、吳芳瑩、江美玉

吳則叡，梅山農會連任 6 屆總幹事，直至屆齡退休。
吳則叡的父親吳泉浂先生曾任臺灣省議會議員、國民大
會代表。他的「阿太」（太祖）吳炎，生於 1841 年，
原居住在雲林一帶，後移居至梅仔坑生毛樹（今梅山鄉
瑞峰村）。根據文建會國家文化資料庫的資料指出，早
期吳炎只是一名挑夫，因生毛樹賦稅問題，逐漸參與地
方事務。並在日治初期原本欲帶領居民抗日，後因瞭解
雙方武力差距過大，改採向日本協調的態度，並引領日
軍維持地方秩序，先後擔任生毛樹六庄總理、大坪區區
長、小梅區區長等職務。

吳炎因為協助日本治理有功，是日本政府對臺頒授藍綬
褒章第一人。國史館臺灣文獻館出版的《臺灣文獻》第
57 卷第 1 期，有吳炎先生的詳細報導。

楊添鎮先生是吳則叡就讀國民學校 1 年級的老師。

・吳則叡（以下簡稱吳）、楊添鎮（以下簡稱楊）

吳： 我從小聽說我阿太（太祖）的時代，日本
人來到諸羅，阿太原本帶著一批鄉民打算
反抗日軍，但他們看到日本軍人每人手上
拿的槍只要扣個板機就一槍斃命，阿太為
避免無謂的犧牲，和鄉民商討的結果，大
家同意不能以卵擊石，因此，由阿太自告
奮勇帶領幾個人去和日本人談判，雙方達
成和解，日本人認為他對皇軍有貢獻，在
明治 39 年到皇宮接受頒獎。他是全臺灣受
到這種禮遇的第一人。

家父吳泉淯，擔任過第二、三、四屆省議
員，後改選國民大會代表，可惜 60 歲就過
世了。我本人先是在梅山國中教書，後來
參選梅山鄉農會總幹事，連任六屆，直到
屆齡退休。

我在民國 52 年、53 年都參加全國運動會十
項全能比賽，曾得到銀牌。撐竿跳是全國
紀錄保持者，因為我是使用竹竿的最後一
屆，後來就改用塑膠竿，又是不同的紀錄。

楊： 吳總幹事家族是地方的模範家庭，總幹事
本身為人富正義感，做事有魄力，難得的
是他也很有善心。

日本時代因為政府原則上不徵調老師當
兵，因此我沒有去打仗。

吳則叡的「阿太」
吳炎（居中者），
因協助日本治理
有功，是日本政
府對臺頒授藍綬
褒章第一人。

吳：地方上有不少人被徵調。我所知道有一位被調去所羅門
　群島當兵的，因為同伴死在那裡，回來時把同袍的骨灰
　一起揹回來。

　日治的末期，物資嚴重缺乏，總督府下令所有金屬的物
　品全都要上繳，供政府打造武器，包括家中的門窗鐵框，
　一律都要取下來，金條也都被收光了。

· 江美玉（以下簡稱江）

江：我聽說小時候阿公一聲令下，金子全部都要交出來，如果有私藏的被抓到會沒命。

真歡迎變真僥倖

吳：我是在 1945 年 4 月入小學，那時候已經是無政府狀態，到了小二更是形同放牛吃草，只記得開始讀中文，課本教的第一課是：「人有兩手，兩手十指，指有節，能屈伸……。」

　　因為日本的學制和中華民國不同，所以是 4 月入日本的國民小學，到了第 2 年 7 月，又從頭開始讀國小 1 年級。

楊：在此之前，戰爭的後兩年，學校就疏開到各部落繼續上課。

吳：這裡雖是山區，卻是重要的軍事基地，我家門口看出去那個山頭，聽說日本人埋了很多武器在那裡，現在也還是軍事重地。

楊：國民政府來了之後，梅山國小變成嘉義陸軍醫院，另一半校園變成軍營。

吳：最記得廣東兵喜歡吃狗肉，看到狗就抓去，吊在樹上打死後宰來吃。

　　剛開始來的國軍是穿草鞋，把槍當扁擔靠在肩膀上行軍的，後來才知道這些兵仔大部分都不是正規軍，也沒有受過什麼訓練，有的是臨時被抓來的，火頭軍（伙伕）就扛著鍋子跟在後面跑，和日本時代看到的軍人那種威

武的情況完全無法相比。

所以，國民政府剛來的時候，起先有人到村裡來教唱歌，歌詞說：「六百萬民表歡迎，哈哈多，眞歡迎……。」後來慢慢就改爲：「哈哈多，眞僥倖（指難過又無奈）……。」

二二八時，我們全家都逃到美玉家躲起來，因爲美玉的孀婆是我姑婆。

那時候家中長輩很困擾，很多地方情勢失控，尤其因爲自阿太以下，我叔公以及家父，都算是地方上的執政者，多多少少會有一些恩怨，因此，一聽說各地發生動亂，全家開始逃難。長輩把小孩全部送到親戚家兩個月，怕萬一有個三長兩短，至少要留幾個種來報仇。所以算起來我們也是受害者。那時我是國小二年級。

我事後看起來，至少在我們梅山這裡，二二八事件中，正直純樸人士都不介入，反而是一些地方小混混想藉此鹹魚翻身，也就是說在地方上不是很受歡迎的一些人出來叫囂，大多數人都躲起來，因爲那個時候的人很可憐，也怕國軍，也怕民兵，總覺得最好是兩方都不得罪，只好躲到坑底。

我們這個地方有一位叫劉茂成的，我看他也是那種愛出風頭的人，後來被抓到，帶到現在果菜市場附近，被開3槍打死，我還跑去看。

楊：囝仔敢去看？我那時也躲起來，更不敢去看槍決人犯。

228 原住民死傷慘重

吳：因為刑場距離我家不遠。

我聽說在梅山電信局後面有一位農人正在割稻，國軍來了以後，雙方語言不通，誤以為他有子彈，竟然被國軍用刺刀刺死。

又聽說從古坑往梅山的路上，就是現在國軍第七訓練中心附近的「崁下橋」附近，那時還沒有橋，有來自斗南、朴子及北港等地的民兵，分乘 3 部車要過河，他們先在溪底鋪石頭，第 1 部已經開過來了，第 2 部拋錨，大家去推車，就在推的過程中，等候在崁頂的國軍開始掃射，事後統計，全團共有 46 人死亡，其中有的是被綁在樹上刺死的。後來就被 5 人 1 坑，就地掩埋，所以那個地方傳說鬧鬼，最近建了一個二二八紀念碑。

此外，阿里山上的原住民很驍勇善戰，領導人高一生（註1）和我父親交情不錯，他後來被騙到嘉義車站前槍斃。那次原住民也是死傷慘重。

二二八事件之後的白色恐怖，大家生活都過得提心吊膽。我一位叔父因為事業上的關係長居高雄，和彭明敏有交情，後來彭明敏的《臺灣自救宣言》竟然寄一份給我父親，那時他是省議員，又擔任國民黨黨團書記，父親很震驚，不知道那是不是一個試探他忠誠度的陷阱，趕緊向黨部「自首」。因為那個時代，只要 3 個人在一起時間稍微久一點，就可能會有人去密報而被抓。

楊：四萬換一元時，我的薪水都是太太在管，詳細情形忘了。
　　不過，因為我還兼做穡，那時農產品售價所得約是公教
　　人員薪水的 3 倍，因此，還不至於挨餓。

古坑二二八紀念碑。

　　我當教員的薪水在光復前最初是每月 32 圓，後來提高
到每月 35 圓。到了民國 44 年，我的薪水是 400 元一個月。
四萬換一元時，新臺幣 1 元等於美金 5 元（註2），所以你
看人民損失有多慘重！

吳：那時阿伯要去買牛，是以扁擔挑了兩布袋的錢去買的，
情況很像現在的越南。

楊：三七五減租時，我自己的田很少，一聽說有這個政策，
我就先賣給佃農了。

吳：我們的田都自己做，或者不是農地，因此沒有這個問題。

江：我祖父是地主，據說土地有 300 多甲，分別在嘉義及雲
林兩縣，我曾祖母是雲林縣人，小時候聽父親說，春節
隨曾祖母回娘家時，跨越兩個縣都不必經過別人的土
地，三七五減租及耕者有其田政策對他的影響非常大，
只是我們還小，不知道詳細情形。

註1 高一生（1908~1954），阿里山鄒族人，作曲家，曾任警察、教師、
鄉長。父親因討伐布農族有功擔任警職，後因意外殉職，高一生被
日本人臺南州警部大塚久義所收養，取名為矢多一生，1924 年保送
臺南師範，在學期間曾協助由日本來臺的俄國籍語言學家從事一個
多月的鄒族語田野調查。
1930 年，高一生畢業後回部落擔任教師及警察職務，並帶領族人栽
種竹子等經濟作物，發展高山農業，同時繼續創作多首歌曲，曾帶
族人至臺灣總督府公演「打獵歌」。
1945 年，他擔任吳鳳鄉（今阿里山鄉）鄉長兼分駐所所長，並改名
高一生。

1947 年二二八事件時，阿里山原住民曾與嘉義地區民兵一起攻占嘉
義彈藥庫及嘉義機場，高一生因而被捕；其後又因高一生曾收容當
時被國民政府視為中國共產黨的臺南縣長袁國欽，於 1951 年遭臺灣
省保安司令部指控「窩藏匪諜」及「貪污」等罪名，1952 年被引誘
至竹崎鄉逮捕，1954 年 2 月被依叛亂罪槍斃。

註2 此處應是楊老師記憶有誤，當時新臺幣 5 元兌換 1 美元。

江克圭攝於江氏宗祠，旁邊的落成紀念碑是他撰寫的。

受訪者背景

受訪人：江克圭
性別：男
出生年月：1927 年 3 月 27 日
訪問時間：2010/12/23；2011/1/18
地點：梅山江先生之代書事務所及江宅
訪問人：陳婉真、江美玉、吳芳瑩

江克圭先生世居嘉義縣梅山鄉，日治時期曾任職小梅庄
役場（今梅山鄉公所），後自行開業任代書，喜歡收集
各種文物資料，譬如「臺灣日日新報社」發行的 1906
年《南部臺灣震災寫真帖》，以及昭和時代出版的《臺
灣年鑑》是瞭解當時臺灣的重要史料。除環境布置井然
有序，求學做事一絲不苟，且記憶力超強，可說是梅山
鄉的活字典。他珍藏公學校時期的成績單（註1），從一
年級到六年級各科成績均得「甲等」（註2），且名列第一，
畢業時由臺南州知事頒發宮殿下獎學紀念賞之殊榮。60
年代還得過「實踐國民生活公約甲等模範家庭」獎。

　　第 1 次訪問江先生時，他正在油漆家裡，特地抽空到事務所（目前是由他兒子開設西藥房）接受訪問。結束後因為有一些問題一時之間他不是記得很清楚，特地找了很多資料，並親自撰寫一篇《臺灣光復前後十年概況》，因此，又安排第 2 次的採訪。

公元 1906年3月17日
(明治39光緒32
[民前 6 歲沈兩年]月2日日

江克圭提供「臺灣日日新報社」發行的 1906 年《南部臺灣震災寫真帖》，該次地震發生於 1906 年 3 月 17 日台灣時間（UTC+8）凌晨 6 時 43 分，由於地震爆發主要原因為梅山與陳厝寮斷層錯動而產生，主要地點在嘉義廳打貓東頂堡梅仔坑庄（今嘉義縣梅山鄉），故稱梅仔坑地震或稱梅山地震，又稱嘉義大地震，芮氏規模 7.1，自臺灣有文獻記載以來，這場地震的死亡總人數為史上第 3，至少有 1258 人遇難。

南部臺灣震災被害調查表（自明治三十九年三月　至同　年四月）其二（家屋）

廳別		現住家屋戶數								其他ノ建物棟數							
		燒失	全潰	半潰	大破	破損	計	稍害見積額		燒失	全潰	半潰	大破	破損	計	損害見積額	
嘉義廳	內地人	0	71	75	154	474	774	43	8,9	0	22	17	49	50	138	98	811
	本島人	0	8,154	4,230	4,178	6,868	21,427	356	876	3	1,664	363	290	299	2,019	188	063
斗六廳	內地人	0	8	6	16	33	63	2	110	0	1	0	6	3	10	0	408
	本島人	0	296	359	1,144	1,608	3,467	63	542	0	57	16	41	73	187	11	292
鹽水港廳	內地人	0	10	2	15	0	27	8	625	0	7	1	16	4	28	15	370
	本島人	0	789	555	794	1,226	3,205	107	69	0	139	83	294	465	291	49	462
臺南廳	內地人	0	0	0	1	14	15	2	637	0	0	1	3	4	0	265	
	本島人	0	6	25	79	461	571	7	686	0	7	10	8	88	113	1	334
澎湖島廳	內地人	0	0	0	3	4	115	60	0	0	0	0	0	0			
	本島人	0	4	15	16	164	199	1,635	090	0	1	9	0	43	53	250	000
鳳山廳	內地人	0	0	0	0	0	0	0	0	0	0	0	0	0			
	本島人	0	2	7	2	4	15	0	239	0	0	0	0	0	0		
彰化廳	內地人	0	0	0	3	11	14	0	786	0	1	0	1	0	2	0	665
	本島人	0	5	1	0	2	8	0	352	0	1	0	0	0	1	0	160
臺中廳	內地人	0	0	0	0	0	0	0	0	0	0	0	0	0			
	本島人	0	1	1	0	1	3	0	060	1	0	0	1	2	0	025	
南投廳	內地人	0	0	0	6	5	11	1	625	0	0	1	2	4	0	209	
	本島人	0	0	11	24	143	178	1	979	0	5	3	0	8	0	136	
計	內地人	0	89	82	196	540	908	174	053	0	31	19	74	62	186	115	128
	本島人	0	7,195	5,204	6,247	10,477	29,113	2,762	785	4	1,274	494	633	939	3,374	451	342
總計		0	7,284	5,287	6,433	11,017	30,021	2,936	839	4	1,335	513	707	1,031	3,569	606	470

南部臺灣震災被害調查表（自明治三十九年三月　至同　年四月）其一（人畜）

廳別		死　人			傷						危險救護			飲食給與			家　畜		
		男	女	計	男	女	計	男	女	計	男	女	計	男	女	計	牛馬死	豚死	羊死 傷
嘉義廳	內地人	7	6	13	5	7	21	8	29		23	10	33	8	4	12			
	本島人	545	699	1,254	311	408	719	752	892	1,644	1,686	1,810	3,496	8,613	7,634	16,247	37	33	203	41
斗六廳	內地人		1	1						2									
	本島人	6	6	11	7	12	19	10	12	22							1	5	2
鹽水港廳	內地人							4	1	5									
	本島人	1	4	5		5	10	4	14		230	343	673	517	528	1,045			3
臺南廳	內地人						1	1	2									
	本島人																		
澎湖島廳	內地人									2									
	本島人	2		2					2										
鳳山廳	內地人																		
	本島人					1	1												
彰化廳	內地人																		
	本島人					1	1												
臺中廳	內地人																		
	本島人																		
南投廳	內地人																		
	本島人																		
計	內地人	7	7	14	5	7	27	9	36		23	10	33	8	4	12			
	本島人	552	700	1,255	321	425	746	777	910	1,687	2,018	2,156	4,174	9,130	8,332	17,282	37	34	643	43
總計		559	707	1,266	326	427	755	804	919	1,92	2,041	2,166	4,207	9,138	8,336	17,294	37	34	643	43

江克圭提供 1906 梅山大地震，日本政府統計的南部臺灣震災被害調查表，人畜與家屋分開，表現日本人做事一絲不苟的態度。由統計資料看，災情不亞於 1999 年的 921 大地震，救災工作看起來井然有序。

江克圭為梅山當地人，對梅山地震造成的影響非常關心，圖為地震發生後的災民收容所。

設於嘉義廳前大馬路旁的避難小屋。

梅山街上的災情慘重。

設於嘉義民雄的災民傷患治療所，以及當時的救護員。

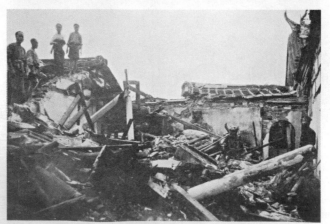

鄰近嘉義西門內街公學校的媽祖廟幾乎全倒，但媽祖神像無損。

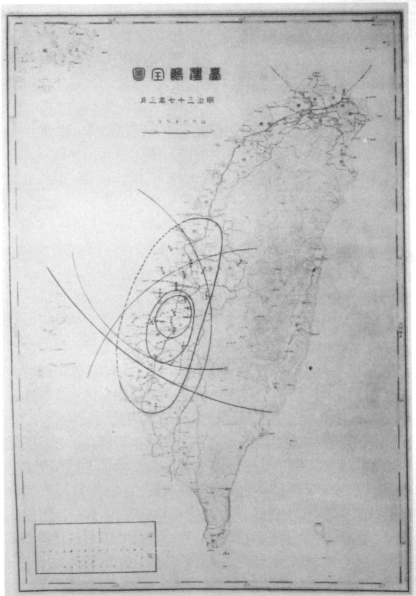

嘉義大地震震央圖。

　　這次是到他家中，發現他家雖是老式竹造及磚造建築，一如他整理資料一樣，他對房子的維護也是一絲不苟，連庭園種的植物都是對稱的，老房子被他照顧得美侖美奐，令人歎為觀止。江先生說，他的生活態度是謹遵日本人「清潔整頓」的教誨。

　　他於 2010 年協助整修居家附近的江氏宗祠，祠堂內的「江氏宗祠重建落成紀念碑」由江克圭先生撰稿。

簞食壺漿迎國軍

> 臺灣今日慶昇平，仰首青天白日清；
> 六百萬民同快樂，壺漿簞食表歡迎；
> 哈哈到～處歡聲，哈哈到～處歡迎；
> 六百萬民同快樂，壺漿簞食表歡迎。

　　看著紙上的歌詞，江代書和江美玉兩人哼唱著，越哼聲音越大也越齊一，彷彿在哼唱一首熟悉的老歌。

　　的確是老歌，卻是塵封超過 1 甲子的陌生老歌。

　　訪問梅山農會前總幹事吳則叡時，聽他不經意的提到「眞僥倖」的歌時，我們開始追問整首歌的歌詞內容，讓吳則叡、楊添鎮、江克圭等幾位受訪者不斷回想，終於還是江代書發揮他上窮碧落下黃泉的追查功夫把它完整呈現了。美玉是第 1 次聽到，卻也哼得有板有眼。

　　歌詞共有兩段，第 2 段除了前兩句是「堂皇旗鼓駐東瀛，浩蕩仁風遍地生；」不同之外，後 3 句是重複的。唱時都以

臺語發音。

　　江克圭說，他曾在鄉公所刻鋼板，所有資料他都收起來，只要給他時間，他就找得到。

江克圭的家庭通信簿（成績單），日本教育首重修身，是每學期最重要必修科，有時由校長授課。

日治時代的家庭通信簿就是成績單，江克圭都保留下來了。

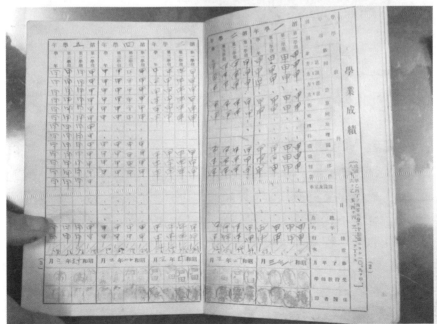

江克圭小學成績很好，獲得臺南州知事頒發的獎狀。

‧ 江克圭（以下簡稱圭）

圭：我 18 歲那年，海軍特別志願兵的採用證書和陸軍的召集
令同時寄來。因為兵源奇缺，兩邊都在爭人，誰先調到
就要去，不能讓我們挑選。

海軍說「志願兵」，無影啦，嘉義郡守兼任「徵募官」，
又要把你徵（抓）來，又要招募兵，就叫徵募官，說什
麼要先身體檢查，還要考國語（日語）、算術，其實才
考完試，就當場寫適任證書，接著就寄採用證書來了。

日本政府規定國民的義務是納稅、受教育、服兵役；臺灣人只有納稅和受教育，服兵役沒有。臺灣人和日本人同工不同酬，這些都是殖民地的差別待遇。

昭和 20（1945）年，日本政府實施「處遇改善計畫」（註3），開始在臺灣徵兵，在此之前，連師範學校畢業生的待遇也有差別，臺灣人月薪 50 圓，日本人就有 80 圓。我在役場上班，處遇改善後，待遇也都調整和日本人一樣，還提前加發 6 個月的薪水，大概日本人自己知道快倒了，先把錢花掉吧。

至於我的兵期原本是 1945 年 10 月，但 8 月就終戰，結果沒當成日本兵。

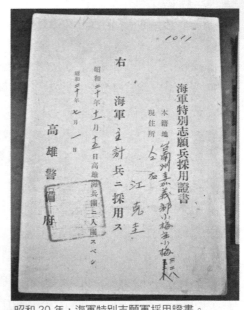

昭和 20 年，海軍特別志願軍採用證書。

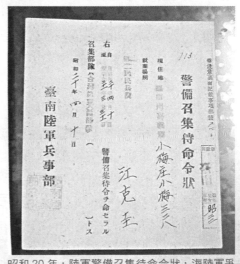

昭和 20 年，陸軍警備召集待命令狀，海陸軍爭搶兵源。

啊，好多事我們都不知道

我在國小畢業後，去讀民雄國小高等科兩年，接著就到小梅庄役場（註4）上班。只是小職員而已，一個月薪水 30 圓。因為戰時什麼東西都要配給，有錢也買不到東西，如果要買黑市被檢舉的話，買賣雙方都有事。

日本時代總督府轄下，全臺灣分為五州（臺北、新竹、臺中、臺南、高雄）三廳（臺東、花蓮港、澎湖），州的主官為州知事，廳為廳長；下設郡役所或市役所，主官分別為郡守或市尹；郡下有街役場或庄役場，主官為街長或庄長。各級行政首長都由總督府官派。

小梅最早的庄長是吳則叡總幹事的阿祖吳春委，也就是吳炎的兒子。後來又加上一個助役，等於現在的秘書。剛開始都是臺灣人，後來助役都派日本人，如果有兩個助役的話，日本人擔任第一助役，臺灣人任第二助役。

國民政府來接收時，別處我不知道，我們這裡只有兩個警察帶槍隨著庄長來。戰敗到接收中間的空檔還是由日本人當庄長。國民政府是直到民國 35 年才來的。接收時庄長一直哀求，拜託能讓他住在梅山，最後還是被遣送回去。

那個日本庄長在我們這裡的房地產就變成日產，由政府接收，想買的人再向政府買。日本時代庄長不是校長退休，就是警官退休轉任的。

光復初期到處都掛有：「歡迎陳長官蒞台主政」的標語。

· **江美玉（以下簡稱玉）**

玉：啊，好多事我們都不知道……。

圭：談到幣制改革四萬換一元的由來，我是聽說陳儀到臺灣
之後，都在這裡買糖和米回去中國賣，因為他當行政長
官，臺灣的米、糖都是重要物資，被買到缺貨，導致物
價不斷上漲（註5）。

玉：我們家倒是賺到，因為眼看物價不斷上漲，父親趕緊去
囤積糖，賺了一些錢。

1 千元買不到 1 斤蒜

圭：行政長官公署一直印鈔票，越印錢越薄（貶值）。改制
為臺灣省政府後，任顯群擔任財政廳長（註6），他說這樣
不行，一直印鈔票只有導致更嚴重的通貨膨漲，要徵稅，
開徵鹽稅，還好一般人鹽用得不會多；不只是鹽，什
麼都要課稅。

後來又開始發行愛國獎券（註7），對挽救臺幣危機很有幫
助。換銀票是 1949 年 6 月 15 日。

在此之前幾個月，舊臺幣已經很難流通，一般是由銀行
簽發本票，銀行簽 20 萬就 20 萬，100 萬就是 100 萬。

玉：從前聽長輩說民間在交易時，錢是用扁擔擔的，請問這
麼多錢怎麼算？是一張張算，還是一絡絡算？還是稱重
量的？

圭：我不知道。那時公教人員薪水約幾千元。就是物價一直
漲，薪水也跟著一直調高。調到換幣制前其實 4 萬換 1
元的比例還不夠，應該是 16 萬換 1 元。

玉：嚇死人，4 萬換 1 元已經不得了了，還要 16 萬換 1 元。

圭：算米價最準。那時 1 斗米 1 元。剛換前 1 斗米 16 萬元。

玉：16 萬元怎麼算啊？

圭：那時已經有銀行券。就是銀行簽的本票。面額最高是 1 萬元，我沒看過 10 萬元的。剛換時 1 斗米新臺幣 4 元，後來一直漲，6.5 元維持最久。1 斗米 4 元，就是現在打電話用的 1 塊錢 4 個銅板就可以買 1 斗米，現在 1 塊錢能做什麼？現在沒有 20 元買不到什麼東西，現在 1 塊錢只是打電話、買車票找零用的而已，能做什麼？

· **陳婉真（以下簡稱陳）**

陳：那市場怎麼交易，譬如我要買一雙皮鞋怎麼買？

圭：鄉下地方那裡買得到皮鞋？都嘛要到嘉義去買。而且沒人在開皮鞋店，都是找皮鞋師傅訂做的。

陳：皮鞋的例子不好，譬如到雜貨店買油等生活必需品怎麼辦？

圭：一斤蒜仔 1,200 元，你就就拿 1,200 買一斤蒜仔！1 斤蒜仔 1,200 元咧。

玉：那一碗麵多少錢您還記得嗎？

圭：幣制剛換時是一碗一元，接著變 3 元，後來又調為 5 元，現在一碗約是 30 元。日本時代一碗 3 錢（0.3 元），飯攤是一碗飯 5 錢，所以叫「五錢店」(註8)，一碗飯要賣 5 錢，是因為米很貴。

鈔票變土符仔

陳：我聽說那時的銀行本票大家都叫做「土符仔」。

圭：土符仔，對啊。

玉：安呢喔，那銀行經理要賺錢太容易了。自己寫寫就好了。

圭：哈哈……。那時的行政長官權力非常大，等於軍政統治的意思，權力一把抓。二二八之後臺灣人抗議，才改為臺灣省政府，第一任省主席魏道明，他就是一直印鈔票而已。後來才換陳誠，開始實施幣制改革，也就是四萬換一元，說是要穩定金融，那有影？1 斗米 16 萬，等於由新臺幣 1 元又調高為 4 元。後來換任顯群擔任財政廳長，強調不能一直印鈔票，要徵稅才可以，幣制才慢慢穩定下來 (註9)。

談到租稅制度，以地價稅為例，日本時代徵「地租」，是國稅，「地租附加稅」是州稅，庄街則是「地租割」，三級政府都有賦稅收入。現在不是，地價稅全部都由中央拿走之後再來補助，中央做大哥。從前不是這樣，比例上中央最多，州其次，地方最少。

日本政府原本沒有徵房屋稅的。日中戰爭後，日本占領中國部分領土看到檔案，才知道有「家屋稅」，昭和 12（1937）年才開始加徵。算是日本人向中國人學習來的。後來改稱「房捐」，現在稱為「房屋稅」。

土地改革後又加徵「田賦」。

陳：任顯群的改革有效嗎？

圭：有效，那時幣制才慢慢穩定下來。

陳：我聽說是後來美援 (註10) 的關係才好轉的。

圭：也對。

陳：我所知道三七五租約的問題很多，到現在還有很多無法

解決的糾紛。

圭：我家的田在我父親過世時就賣掉了。因此沒有影響。我認為三七五最大問題是以作物產量計算租金，但是，從前稻子每分地只能收7、80刈，現在已經可以收成1百刈以上，卻還是規定照從前的收成數計算租金，很不合理。

玉：對啊，我們的田租現在也還是照以前的租約計算。

圭：你阿公是大地主，很多土地都被徵收了，我聽說國民黨有人問他感想如何，他回答說：「我的心情和蔣總統一樣，35省只剩下1省。」

玉：我聽說阿公因為長得有點像蔣介石，省政府曾找人來拍了很多他的照片，後來沒有找他的原因可能就是他講了這句話吧。

40年代常用語

土符仔：1948年，發行「定額本票」，做工較粗糙就像鬼畫符，俗稱「土符仔紙」。根據臺灣銀行的資料，1948年1月以後，因通貨急速膨脹，法幣貶值，以致臺幣價值大受影響，發行額日增，為因應市場需要而發行臺銀定額本票，總計有面額5千、1萬、10萬、1百萬等4種本票，與舊臺幣券同時流通。

陳誠墳前灑尿

圭：耕者有其田徵收標準是規定以正產物的兩倍半徵收，也就是每分地 70 刈，即 70 公斤 × 2.5 ＝ 175 公斤的價格徵收。其中 70% 發給實物債券，分 10 年給予，30% 發給農林、水泥、台紙、工礦等 4 大公司的股票。正產物訂得太便宜，等於兩年半的收成，土地就全部沒了。

所以我們這兒有個地主一次到北部旅遊，行程中有一段是參觀陳誠的墳墓，他特地跑到墳前去灑尿。

我還在公所上班時，有一次奉命去募款作為陳誠獎學金之用，我的親叔叔是校長退休，他一邊擦拭著祖先神位的八仙桌，一邊頭也不回的以日語說：「別的都可以，陳誠獎學金一毛錢都別想要我出。」

玉：二二八您應該也很清楚。

圭：恐怖。我親眼看到廟庭前槍殺 4 個人，看得很害怕。3 月 14 日國軍派很多人來，就開始屠殺了，我們這兒住在「尾庄仔」有一個姓陳的人，出來巡田，看到國軍來害怕想跑，就被國軍用刺刀刺死。

那時軍人都是亂來，很多都沒有受過訓練的。有一位在市場賣魚脯的汕頭人親口告訴我，他是在外出時被軍隊抓去，他想以手錶換取自由也不行，後來就到臺灣來了。十幾年前開放探親，他回大陸時，親戚朋友紛紛送豬腳去給他「吃過運」（去霉運），豬腳的數目多到堆起來有一大簍。

早年他弟弟留在汕頭，就因為他而被打為「黑五類」。

玉：槍殺的 4 人是誰？爲什麼？

圭：他們曾去紅毛碑支援，3 月 14 日清鄉時，國軍看到他們
還穿著日本軍服，就帶去槍斃了。

白色恐怖的時候，美玉的姐夫曾看過一本日文版「宋家
三姐妹」的書也不行，被沒收。後來不是美麗島雜誌也
是只發行 4 期就被停刊，雜誌都沒收？

飯不能亂吃　話不能亂講

說到接收臺灣的過程，梅山是小地方，沒幾個人來，我
是看報導說，來的國軍都是用扁擔擔籠子的。其實蔣介石知
道日本兵很厲害，又怕臺灣人反抗，派這些第一批人，原本
就是準備讓他們來犧牲的。

所以戒嚴時期一般人不敢隨便講話。所謂：「飯不能亂
亂吃，話不能亂亂講。」就是這樣。（談到白色恐怖）蔣介
石威權太重，日本時代也沒有這樣。

接收初期行政長官公署的公報是中日文並用，否則臺灣
人看不懂。那時一些重要職缺及較專業性的高官，國民政府
也留用日本人一段時間才讓他們回去。

我原本在鄉公所任職，中國話是我們幾位鄉人自行聘請
一位姓羅的老師，跟著他讀了 4 個月的漢文，後來就自己看
報紙學，看不懂的就查字典。

不久我就辭職當代書。我們代書的生活環境都不講北京
語，我們的客人都講臺語，連外省籍的地政事務所主任也講
臺語。

我來把《臺灣光復前後十年概況》作個簡略說明：

吳則叡的前一任梅山鄉農會總幹事有所謂的「臺灣四天地」，對於那一段時間的形容非常好。他說所謂四天地就是：

臺灣剛光復時，人民「歡天喜地」；

中國官來到臺灣是「花天酒地」；

百姓生活困苦，所以「哀天叫地」；

然而人民無奈，只能「恨天怨地」。

日治初期以警察治理行政，嚴酷異常，基層警察官吏派出所成立保甲制度選出保正、甲長，並組織壯丁團協助派出所處理公事治安。

人民稱呼日本人稱爲「內地人」，臺灣人稱爲「本島人」，原住民稱爲「高砂族」。

讀到大學才算學生

初期日本人讀的小學叫「小學校」，臺灣人讀的叫「公學校」，原住民讀的叫「教育所」，到了昭和 16 年，一律都改稱爲「國民學校」但仍有分別，依序分別稱爲一號表、二號表、三號表。教科書均有差異。

日本人讀的國語、算術等教科書，都是由文部省印行的；臺灣人讀的則是由總督府印行。臺灣人如果要參加考試，一定要想辦法買到日本文部省印行的教科書，否則根本考不上。

日本政府爲普及國語教育，設夜學會、講習所、皇民塾等。中等以上學校應經入學試驗（考試），合格始能就讀。中學校收男生，高等女學校收女生。入學率內地人 70%；本

島人（含高砂族）30%。所以那時的中學很難考，日本時代如果考上嘉中嘉女的，都是非常不容易的。

日本的學制是中學修業4年，再考高校3年，大學也是3年。現在則是國中3年，高中3年，大學4年。

日本人很重視家庭倫理，規定非嫡生子女不得進入帝國大學就讀，只有國立大學有這個限制，其他私立大學還是可以就讀。

那時的國立大學，也就是帝國大學很少，日本全國只有6所，殖民地臺灣及朝鮮各有一所。

學制是一學年3個學期，即4月到7月上旬為第一學期；9月到12月中旬為第二學期；翌年1月到3月中旬為第三學期。學期間分為夏休（暑假50天）、冬休（寒假），及春休（春假）。入學考試都在3月下旬舉行。

師生的稱呼：小學老師稱為「訓導」，學生稱為「兒童」；中學老師稱為「教諭」，學生稱為「生徒」，大學老師稱為「教授」，學生就稱為「學生」。所以說，讀到大學才能算是學生。

日本人很注重衛生，規定特種營業（如酒家、理髮院等）應受警察機關之嚴格管理。明訂理髮院的剃刀剃過一個客人之後，非經過消毒，不能再使用。

政府並訂頒清潔法，規定每年春（3月）秋（9月）兩季居民住戶應行清潔大掃除，由役場人員陪同警察逐戶檢查，不潔住戶處罰，並應再清掃，警察再來檢查。各地派出所每年一次會準備「海人草茶」（治蛔蟲藥），住民一律前往飲用以驅除蛔蟲。

在保護人權重視身世方面：如果發現棄嬰，全庄婦女都

要接受檢查，以確認生母究竟是誰；並規定戶長逝世應由直系血親卑親屬之長子繼承。

在戶口記載方面：清楚記載如嫡生子女、庶子男女、養子女、過房子、螟蛉子、媳婦仔、查某嫺、招婿等，由警察機關管理。

戰爭期間實施「經濟統制」。生活必需品施行配給制度，維護軍用，嚴禁暗取引（黑市買賣）。

皇民奉公會在戰爭期間改組爲國民義勇隊，經常實施義務勞動，如整修馬路等。

青年訓育方面：普遍組織青年團及女子青年團，時局緊迫後另組防護團以因應空防。嗣後防護團與壯丁團合併成立警防團迄至光復。

註1 成績單，日本時代稱為「家庭通信簿」。
中國人所謂「身修而後家齊，家齊而後國治，國治而後天下平」，也就是講求修身、齊家、治國、平天下的觀念，日本人把它發揚光大。在日治時代國民學校的「家庭通信簿」上，最重要且排在第一排的共同必修科就是「修身」，而且日本人不是像咱們的公民與道德課是擺好看的，而是師生確實執行。此外，國小五年級開始，男生要上農業課，女生上裁縫及家事課。

註2 當時凡成績 90 分以上者均為甲等，江先生全拿 100 分，曾獲得臺南州知事頒發的獎狀，得到該等獎狀者，梅山國小總共只有 6 人。

註3 日本裕仁天皇於 1945 年 4 月 1 日頒發詔書，明令臺灣及朝鮮人民可參與帝國議會選舉及服兵役。本島人開始實施徵兵制度之後，隨著廢止保甲制度，原屬警察的該項業務歸國民義勇隊接辦，從那時開始本島人也發給加俸 60%，與內地人無異。

註4 梅山鄉舊名小梅。據江克圭表示，國民政府來臺後，地方人士認為和附近的「大林」鄉相較之下，「小梅」好像永遠矮人一截，因而特別在鄉內廣植梅樹，終能如願改為梅山。

註5 根據一位曾參與日產登記與移交的日本經濟學者的估計，陳儀接收的日本公私財產，包括軍火及40億美元（以戰後物價尚未膨漲前之市價計算）以上之物資、房產及土地。

軍火方面，據臺灣警備總司令部公報登載數目為：65個機場；900架軍機；525艘大小艦艇；2千多輛戰車及卡車；1368門各類火炮；633,423枝各種輕重槍枝；6852萬餘發彈藥。

此外，日本陸海軍囤積於臺灣的軍糧、軍裝、醫藥及各項器材也全被接收。其中僅糧食一項，日軍的儲存量即足供20萬軍人長達兩年食用的米糧，軍裝尚存有約60萬件。

總括而言，當時日人的公私產業占臺灣產業的80%以上；日人的公私有地占臺灣土地面積70%以上；日人的房產占臺灣所有房產30%。所有這些日產均由臺灣省行政長官公署接收，很大部分被偷偷移轉為若干人的私產。

註6 任顯群（1912~1975）。1949年12月擔任臺灣省政府財政廳長，任內推動愛國獎券及統一發票，對當時穩定經濟很有幫助。因傳聞與蔣經國同時愛上京劇名伶顧正秋，並於1953年與顧正秋結婚（因任顯群並未與元配離婚，一說蔣介石對此十分不悅。），任顯群於1955年被以「知匪不報」拘捕入獄，1958年假釋出獄。他的前長官吳國楨受訪時曾表示，任的被捕純屬羅織。

註7 愛國獎券自1950年4月1日開始發行，至1987年12月27日「暫停發行」，總共發行37年1171期。

註8 「錢」的日語發音與「仙」相似，因此稱飯攤為「5仙店」，中間「仙」字以日語發音。臺灣在日治50年中間流傳很多類似的外來語。

註9 陳誠的臺灣省主席任期是1949.1.5.至1949.12.21.；接著由吳國楨接任。任顯群是吳國楨任內的財政廳長。

註10 美國援助臺灣期間，從1951年韓戰結束始到1965年結束，援助金額達14.8億美元（以當時匯率約36元換算，折合臺幣約533億元）。

美援內容除民生物資與戰略物資之外，也包括基礎建設所需物資，
有效控制臺灣二戰後的通貨膨漲。當時民間很多人領到美援的麵粉，
除了成為重要日常營養來源外，棉製的麵粉袋並用來做內衣褲，因
此在街頭常見兒童穿著印有「中美合作」及兩隻手緊握的標誌製成
的內衣褲，俗稱「麵粉袋仔褲」。是戰後臺灣經濟困頓時期的寫照。

行善此人如春園之草 不見其長日有所增
作惡此人如磨刀之石 不見其損日有所消

左：江美玉；右：溫江玉鎰

阮尪被關兩遍

受訪者背景

受訪人：溫江玉鎰

性別：女

出生年月：1925 年

訪問時間：2011/1/18

地點：梅山溫宅

訪問人：陳婉真、江美玉、吳芳瑩

溫江玉鎰女士的夫婿溫炎煋先生原是小學教師，曾分別
因二二八事件及廖文毅案（註1）被捕，幸溫江女士堅毅
不拔度過人生最低潮。

據江克圭代書指出，二二八事件逮捕人犯時，軍隊使用
極不人道的方式，包括他自己曾因此躲在家附近大水溝
裡不敢動彈，而鄰居的確曾有一人因看到國軍害怕逃
跑，立刻被開槍打死。

溫炎煋先生被捕後，移送過程是以客運車押解，剛好江
克圭代書和他們搭同一班車，眼見一位學校老師成為囚
犯，被雙手反綁，吊在汽車車頂的鋼桿，押解的國軍時
而把他吊起，導致雙腳離地，痛苦萬狀，偶而才又鬆綁，
讓他雙腳著地站著。事隔60多年，江代書談起，還是
充滿不忍。

溫江玉鎰是江美玉的堂姐，由於白色恐怖的陰影，即使
是親人，對於姐夫的過去，美玉從不敢在堂姐面前提
起，這次的訪問是美玉試探多次才敢安排，這次的對話
也是美玉頭1次聽到堂姐親口談到1甲子前的往事。

我先生叫溫炎煜，比我大1歲。他原是讀高等科畢業後到國小教書。我們結婚才1個多月，他又到臺南去考試，考上又去讀書，回來後就穿那種白色開叉，當訓導穿的制服，沒有拿長刀；還未回來就從臺南直接派去幼葉林教書（今瑞里，靠近阿里山）。

剛開始學校沒有宿舍，我和孩子住在家裡，直到學校有宿舍後，大約老大1歲多，他才帶我們去。那時正在爆擊（空襲），先生要揹包袱（行李），又要揹兒子，我空手走路都不會走，那山一粒（座）一粒……。

我父親死去那次，娘家天未亮就打電話到學校，我們立刻出發，回到梅山夫家天色已暗，看不到人臉才到家，第2天一早又趕回娘家。

從梅山這裡去的話，也是一大早出發，徒步走到晚上才到。那個山上上下下的，下山時彷彿踏出一步就要栽下來，我先生走在前面，我兩手空空光是走路都追不上。

宿舍區最上面是校長家，那位日本人校長光復後在等待回日本時，曾經租房子在我們家隔壁。校長宿舍下面是警察局長家，再下來才是我們教員的宿舍。通知父親過世的電話就打到警察局，再轉告我們。

後來調到水底寮（今梅圳國小）。

二二八關半年

戰爭末期學校都住兵仔。我剛生第2個女兒，還在做月內（坐月子），他們日本人真趣味，也不管我還在做月內，

兵仔就來和我們一起睡──我和先生和小嬰兒，他們也去我們房間一起睡。那時兵仔很多。

二女兒在光復後回到梅山，一歲多時出麻疹，我和先生幫她強灌藥，噎到了，我們趕緊送醫卻救不活。

沒多久後光復了，學校因為兵仔很多，刀、槍、日用品都有，很多東西日本兵沒帶走，尤其是毯仔丟得滿屋子，光復後附近居民很多人去拿，但我不敢，我們半件都沒拿。

不久發生二二八事件，先生跟著我大伯一起，中國兵來了之後，我大伯劉茂成被打死。他是「溫骨」。因為先生的阿祖早死，祖孀為了扶養五個兒子，招了一位劉姓贅夫，他們沒有生育，祖孀就把其中一個兒子改姓劉。所以劉茂成是我先生的堂兄，是「劉皮溫骨」（過繼給劉家，骨子裡是溫家的人）。

外省仔來，劉茂成去抵抗，躲在草堆裡被抓到，中國兵就把他抓去帝爺公那兒打死。

二二八時，先生跟著劉茂成，兵仔來搜時，他也出去看。那時只要在一起的就被連累，大伯比較重罪，馬上被打死，先生是跟隨者，被抓去關。

那次被關，七叔拿很多錢去給人家開（花用）。我記得去辦理保釋時，七叔連錶鍊都拿去當鋪當了，才把他救出來，關在臺北，約半年。

這是一件，後來被關7年那次，又是另一件。

替廖文毅帶信

七叔保他出來後，安排他在基隆開碾米行，我也去。

我們向一位阿婆租房子，那裡很奇怪，房子都蓋在海的上面。我看得很害怕，也一直覺得不太妥當，不久就和他一起回來，先住嘉義娘家，又唯恐連累娘家母親及弟弟，沒多久就回到梅山。

在基隆期間，先生和一大堆人去參與廖文毅的活動。

二二八之後廖文毅先是逃到香港，不久又到日本。先生到日本時，替他帶信回來給他侄子廖史豪，後來廖史豪在臺北被抓。中國兵仔在廖史豪那兒搜到廖文毅的信，信中提到：「拜託溫炎煋帶的信是否收到？」兵仔當夜就來梅山抓人。

這次一共被關7年多。

他被抓去7個月我才生三女兒阿香（39年次，屬虎）。阿香到8歲以前都沒見過父親。

我的婆婆是後母，先生的生母11歲就過世了。他到臺南讀書時，後母就對我很不好，被抓之後更慘，後母把米放在他們自己房間床下，豬油、醬油等也都拿去藏起來，不讓我煮；我娘家送一些米、菜給我坐月子吃的，也全都被她拿走。公公在當公車稽查員，他也不敢干涉，後母什麼都拿去藏，我只能煮些自己在屋後種的菜，等我煮好之後她才拿油出來，另外煮他們自己吃的食物。

她怕我吃，把油鹽都鎖起來，我們母子只能吃燙空心菜。那時娘家拿雞、麻油給我做月內，都被她收走，雞腿拿去給她親生的兒子吃。每次我要煮飯，都要先告訴小叔我要煮飯，

他就去量一些米，只夠他們吃，我都沒得吃。

　　早在先生去臺南讀書、去幼葉林教書時，就已經被後母虐待了，當時住同一棟房子，房間門和我們面對面的妗婆看了不忍，常偷偷拿東西給我吃。每次都是妗婆和舅公一個把風，避免讓婆婆看到，一個看著我吃。我就一直哭，邊哭邊吃。妗婆說：「你不要哭，我看你這麼古意，你先生回來你也不敢講，妗婆照顧你，否則你會餓死。」

　　我兒子出生前，公公特地去買日本衫，要我留著給兒子穿，後母卻跑到我房間把嬰兒衫搶走，說：「我不能生也要去分（領養）一個來穿！」

　　起先得知我先生被關，後母就把我們母子趕出房間，把我們的衣物都拿去換雞、米等食物，吃光光，房間也被占，我們母子被趕到一間客房，只能鋪著很薄的草蓆睡覺。我一走出房門，後母就一直擂我的頭，趕我回去，說你先生是土匪，不會回來了。有一次被她侄子看到，一直叫：「阿姑，她很可憐，不要這樣。」

　　我們母子就這樣相依為命共度七年多，一直到先生回來才去買棉被，才有被可蓋，她才不來搶。

· **陳婉真（以下簡稱陳）、溫江玉鎰（以下簡稱溫）**

陳：您說您去做工，做工的錢她會不會搶？

溫：不會。我出去做工，拿錢拜託公公幫忙照顧小孩，買食物給他們吃。後母就說公公給我錢，以致公公不敢拿我的錢，要我找別人幫忙。

　　後來財產也沒有分給我們。後母兒子娶妻後，連那個妻子都對我吐口水。每次看到我就邊罵邊吐口水，還吵著

要我公公趕快賣房地產，公公說人不在家，晚一點再說，
她就一直罵公公，公公被罵得趕緊賣掉。還欺負我說「你
緊去嫁人啦！」我都不理她，努力去賺錢養小孩，終於
等到先生回來。房子是我們又買回來的，不是繼承的。
房地都不曾分給我們。

我的爸爸也會穿衣褲、蓋被子

我去做工，做筍乾。未嫁前父親很嚴格，不准女孩子出
家門，最遠只能出來到家門口的魚池。阿公的時代就很
嚴格了，我們阿公很有錢，改朝換代前是全嘉義縣最有
錢的人。他的名字是江新建，每年過年，銀行都載一大
車的禮物來給阿公。阿公的土地大約有三、四百甲，
三七五減租之前，他分給我們父親七兄弟每人十幾甲，
共一百多甲，其餘二百多甲都被徵收，剩下最差的溪底
地三甲田，種很多龍眼。

阿公的母親就很有錢，所以我們附近鄰居一群土匪，常
去搶阿公家。為此我們從前住的土角厝，牆上開了很多
槍孔，裡面大，外面小，搶匪來時就從裡面開槍。我很
害怕土匪。

那時人家都說美玉的爸爸，就是我五叔，說他時鐘的秒
針每擺一下，他就賺好多錢。他做菸、做糖，時鐘擺一
下，利息就生多少，都在賺利息。

他腦筋動得快，除了原本就有錢，在物資波動時又懂得
囤積菸、糖，賺了很多錢，後來把賺來的錢拿去借民間

利，賺利息。

- **江美玉（以下簡稱玉）**

玉：我聽說有時人家會來搜查，就要趕快載走。那時種菸葉的，照規定都要交給公賣局，但物價波動很厲害時，有的人就沒有交政府；糖也很貴，所以，光復後只要懂得囤積都賺錢。

陳：您做筍乾，之後呢？

溫：我去筍乾間做工，小孩揹在背上，先生被關，3月抓走，10月生阿香。她傻傻的，先生快回來時，她8歲，還沒上1年級，因為他爸爸已經先寄信，也寄一些衣物回來，她知道爸爸快回來了，很高興，跑去和隔壁的玩伴說：「我嘛有爸爸了，我這個爸爸也會穿衣褲，也會蓋被子喔。」

要不要和他離婚？

這7年中間我沒有去探監，也沒有花錢去疏通，他進去不久，有人來問我說，在他坐牢的前半段，只要我願意，不用問他，政府就可以幫我們辦離婚；如果刑期超過一半，想離婚的話就要他的同意。

陳：誰來通知？

溫：關他的那裡。

陳：安呢喔。惡質咧。

溫：廖史豪關的時間和他一樣長，他太太也在他被關的時候生一個女兒，也是屬虎，太太生過小孩後就和他離婚，

嫁給美國人（註2）。

陳：他們來要你和先生離婚時你怎麼說？

溫：我不會和他離婚，我想說若離婚小孩怎麼辦？想起來就一直流眼淚。

玉：您知道姐夫會被關7年？

溫：不知道。抓去好幾個月後才定罪。剛開始被刑求，被打得昏死不省人事，在地上睡一個禮拜都沒吃。回來就帶身命（註3），才那麼快死。

吳芳瑩（以下簡稱吳）：沒幾歲就帶身命了？

玉：回來身體就很差了。

溫：回來時34歲。

吳：30幾歲身體狀況應該最好。

溫：抓去就一直刑求——抓去的時候才27歲。7年後回來34歲。

前幾年獲賠二百多萬。他是一年賠50萬，賠5年。另外2年說是廖文毅寄槍在他這兒，寄槍的部分不賠。

玉：真不值得。

溫：連同二二八事件共賠4百萬。我4百萬都還在，領回來之後我就把它存定存，現在變1千萬。剛開始利息比較高，現在利息很少。我自己有得用，不會去動到那筆錢。

天都會援助我

玉：您何時回嘉義娘家「袋粗糠」（註4）？

溫：阿香出生後沒多久就開始了。

玉：阿香怎麼辦？

溫：揹著。孩子想睡覺時，就借人家屋簷下，用布袋鋪著讓
她睡。

起先去七叔那兒，後來到處去，去古坑、大林、中林、
後壁寮……，只要是大的碾米廠我都去。因爲娘家母親
不忍看我那麼辛苦，找人裝袋後，用牛車送來給我。但
我發現那人都偷偷拿一些出去賣。所以我儘量都到別處
袋。

我也賣番薯。我什麼都做。大的去讀書，小的帶去工作。
大女兒不到七歲讀幼稚園時就會幫我看店，如果有餐廳
需要粗糠，她就會自己裝袋縫合，再請對方幫忙搬，先
給他一袋應急，我回來時她告訴我那一家粗糠沒了，我
再去補送，很厲害。

玉：您怎麼能賺這麼多錢？

溫：我車粗糠（送粗糠），揹女兒只顧工作，常常連飯都沒
吃，怎麼能活過來，自己想起來也很奇怪。直到現在我
都未曾去外面吃什麼點心攤。

玉：我以爲姐夫這兒您有得到一些遺產之類的。您怎麼後來
經濟能做得那麼好？

溫：天都會援助我，我出去都碰到貴人。起先我在七叔那兒
車粗糠，1 袋 1 角讓我賺，那時米 1 斗 6 元多，我車 80
袋可以賺 8 元，就可以賺超過 1 斗米了。後來出去外面
賺的利潤更多。

有一次我看碾米廠裡的糠仔，我問糠仔賣不賣，他說都
沒人買。我問他怎麼賣，他說 1 公斤 2 角，我先買 10 袋

回去。

我又去問賣番薯的，需不需要買糠仔，他說 1 台斤 5 角他就買。我以 1 公斤 2 角買來，賣給他 1 台斤 5 角，我就賺差價，算是得到天助，賺了很多。

像是我去做桶筍（竹筍處理後裝成桶，方便長期保存。）的頭家向我借錢，拿桶筍來給我抵押，結果桶筍滯銷，頭家繳不出利息，說要把桶筍全給我。我也很煩惱，不知能不能賣出去。

有一天正月初二，我去土地公廟拜拜，回來時竟然就有人要來買桶筍，他說一定會讓我很有賺頭，因為桶筍原價一桶 60 元，他 100 元買 1 桶；其他如荸薺、桂竹筍等我也賣，別人賣不出去的，我賣了都大賺。後來就專門把錢借給有需要的人賺利息。

到酒家找尪

陳：先生回來之後工作好不好找？

溫：我不再讓他去上班。怕他又和人黑白來。原本我七叔要兒子介紹炎煜到臺中一家很大的公司上班，我和先生一起去向叔叔說明不要再讓他出去上班了，免得人家一找，萬一又出事⋯⋯。

叔叔說他也會擔心，但他更擔心我一個人要養 3 個小孩，再加上先生，生活沒問題嗎？「你既然說你這樣沒問題，我很高興。」

玉：回來 34 歲就都不上班了？

溫：我都沒講，他也會拿我的錢去飼查某，去菜店 (註5)。

玉：姐夫說他有一次到咱這兒的「樂仙閣」，大家都喝得茫茫時，他從窗子看出去，說：「怎麼這個新來的那麼像阮某？」您曾去那裡找他嗎？

溫：有。我也去大林的菜店，他選舉都幫人操盤，每次都當選，像吳泉浞、簡維章，都當選，簡維章是由校長轉而選省議員的。

陳：選舉操盤最危險，您放心讓他去？

溫：不會。他為人海派，每次有人來請託事情，他是被拜託的人，還請人去菜店。有人來告訴我，你炎煌每晚都在菜店喝酒。他就是這樣，被請託還要請人吃飯。

玉：他怎麼有錢？

溫：他偷我的支票 (註6)。

　　有一次他一個朋友，已經來借過錢還不起了，又要來借。先生找我商量，我說那有人這樣？他以前借的錢都還沒還，又來借錢？我不肯。

　　結果先生去找鄰居借錢，鄰居次日告訴我說：「你先生昨天向我借錢，可能是借去飼查某。」我趕緊回來拿錢去還他，他說：「你怎麼那麼好，也不管他是借去喝酒或是飼查某？」找說：「我當初既然敢堅持不讓他上班，我就要負責到底。」因為我真的很怕他又被抓去關，又被後母欺負說先生做土匪。總是借錢就要還。

　　你看他就是這樣，我原以為我堅持不借，這筆錢可以省下來，結果還是沒辦法。我就是怕被後母虐待的情形重演。

吳：您的心情可以了解。

陳：可見他爲人很豪爽。

溫：他是很有良心的人。

吳：對朋友很好。

溫：對。我後母對我們不好，但她每次經過我們房間，他都熱情邀請她一起來吃飯。我被後母欺負的事，直到他死，我都不講。

心情和老蔣一樣

陳：四萬換一元您有印象嗎？當時的日子怎麼過？

溫：那時我在家裡。忘記了。只記得家裡很有錢，阿公是每個人出嫁，就給二百圓添粧，日本時代二百圓可以買半甲田。我出嫁時我爸爸另給兩百，全部都被先生拐去花光光了。

玉：不是別人花掉的沒關係。
　　「菁阿欛」是什麼？

溫：日本時代的一百圓。那時候很少人有的。

玉：聽說只有阿公有。

溫：對。有一次七叔在鄰居賭博人家附近撿到，到處問是誰的。因爲很少人有，七叔說他撿到也不敢私自藏起來。

玉：阿公四萬換一元有沒有損失很多？

溫：他先分給兒子。

玉：分錢還是田？

溫：錢。我印象很清楚，我母親分到後又拿 2 萬給我。
　　後來阿公死後，母親再拿 1 條金項鍊給我，阿香在旁邊

看到說要戴，我就隨手放在她頸子上繞了幾圈，她就出去玩，直到很晚我才想起來，一路狂奔出去，看到阿香脖子上項鍊不見了，我趕快翻開她穿的雞罩衫仔，在她的內褲那兒找到，原來項鍊從脖子滑到肚子，稍微鉤到內褲一點點而已，幸好沒有再往下滑。那條就有 1 兩重。阿公分了好幾次，死的時候每人又分 1 條金條，母親都會帶來給我。家裡還有一位無父無母的女傭，母親把她當成女兒一般照顧，分財產時我有什麼她就有什麼，一直到把她風光的嫁出去，也幫她準備嫁粧，還給她 10 兩黃金，至今彼此都有來往。感情很好。

40 年代常用語

青仔欉，又稱菁阿欉。1937 年（昭和 12 年）印天皇皇運無盡「菊章」百元券，正面有臺灣神社；背面印檳榔樹，臺灣人俗稱「青仔欉」。因為面額很大，一般很少見，因而以「沒見過『青仔欉』」嘲笑沒見過世面的人，演變到後來，「青仔欉」有形容白目、莽撞的男性的意思。

陳：所以你們沒影響，還是分很多。

玉：說沒影響一定還是有。

溫：以前家裡每有女孩子出生，都會有人來希望沾我們家的好運，把女孩子帶回去養，可以招弟。所以阿公都會叫阿嬤問要不要把女孩分給別人（當養女）？分出去的女孩都幫她們準備得很周到，包括禮金、衣物、找奶媽的餵奶金等一應俱全。

而那些分出去招小弟招小妹的，也真的都有生，等她們

　　長大後，養父母家庭都說讓她們回來生活會過得比較好，一個個又都回江家了。

　　阿公是很有良心的人。鄉里有窮人死後沒錢殮葬的，他都會幫他們出棺材，過年都會拿錢出來辦冬令救濟。三七五之後被拿光光，只剩 3 甲。

陳：江代書說，國民黨曾經問你阿公心情如何，他說他的心情和老蔣一樣，35 省剩下 1 省。三七五您有沒有看過四大公司的股票？

溫：有。我母親死後所持有的股票，都分給弟弟他們。弟弟曾有兩張股票要來和我換，後來又反悔不換了。

註1　廖文毅（1910~1986），雲林縣西螺人，父廖琛於 1895 年乙未戰爭時曾率眾抗日，為義軍重要將領，以西螺七崁功夫聞名於世。也是地方大地主。

廖文毅於 1935 年獲得美國俄亥俄州立大學化工博士，1936 年任浙江大學工學院教授兼系主任，1939 年因父親病危，舉家返臺，卻因他和兄長廖文奎都有美國及中國經驗，遭日本政府暗中監視。

1945 年國民政府接收臺灣，廖文毅被指派為臺灣省行政長官公署工礦處的簡任技正，並兼臺北市政府工務局長，1946 年改任臺北市公共事業管理處處長。其後分別參加國民參政會及制憲國大代表選舉，均因遭到排擠作票而落選。

二二八事件發生後，廖文毅於 1947 年 3 月 4 日組成「臺灣二二八慘案聯合後援會」，發表告全國同胞書，呼籲中央政府正視臺灣問題，包括撤辦陳儀、派員調查慘案、取銷煙酒專賣等，陳儀於 4 月 18 日發布「二二八事變首謀叛亂犯在逃主犯名冊」30 人，廖文毅及廖文奎兩兄弟均名列其中，成為叛亂通緝犯，兄弟乃先後赴香港。

1948 年，廖文毅與蘇新等人在香港成立「臺灣再解放聯盟」，沒多久即分裂，左派的蘇新轉赴中國，廖文毅於 1949 年 12 月潛赴日本，於 1950 年 2 月 28 日在京都召開「二二八事件三周年紀念日」，發表臺灣獨立主張，之後遭美軍以「非法入境」逮捕，入巢鴨監獄 7 個月，同年 5 月 17 日成立臺灣民主獨立黨，以臺灣由美軍接管，及公民投票決定臺灣前途為訴求，1956 年廖文毅成立「臺灣共和國臨時政府」，並於同年 2 月 28 日就任大統領，並創設機關報《臺灣民報》。

1965 年廖文毅因國民黨政府凍結其在臺灣資產，並以其在台親人的安危為要脅而返臺投降，後被任命為曾文水庫建設委員會副主任委員，但其餘生飽受監視，終身不得出國。

註2 據廖文毅的孫女廖美文指出，廖史豪並未與妻離婚。此處可能溫江女士記憶有誤，但白色恐怖時期的確有很多政治犯的配偶在坐牢期間提出離婚。此處溫江女士係頭一次有當事者指證，當權者的確作過這種拆散政治犯家庭的惡行。

註3 指因傷造成難以復原的後遺症。

註4 早年還沒有瓦斯的時代，稻穀碾製後所產生的稻草和粗糠，都是家戶生火煮食必需的燃料，所謂「袋粗糠」是把粗糠裝袋，俾便販賣予顧客。

註5 「菜店」即後來的酒家。臺灣早期文人雅士或中上階層人士唯一的社交場所幾乎只有菜店。或許是受到日本人統治的影響，當年的菜店有點類似今天日本的藝妓館，館內設施風雅，規模大者還有亭台樓閣。據吳則叡先生及江美玉女士指出，溫炎煋先生為人師表，是正直之人，此處所謂飼查某指到酒家給小費之意，並非真的在外有「小三」。因溫江玉鎰女士說話很傳神，深具堅毅的臺灣女性特質，因而儘量不予修飾。

註6 溫江玉鎰女士決定不讓先生出外上班後，即和丈夫分工，家中所有需要書寫的部分包括開支票均由溫炎煋先生處理，事實上並無所謂偷支票的問題。此處溫江女士談起時係帶著既賞識又不捨的口吻，笑談先生為人慷慨的一面，並無責備他真的偷支票的意思。

娶某錢被搶了

受訪者背景

受訪人：林尊彬
性別：男
出生年月：1928 年
訪問時間：2010/12/6
地點：林宅
訪問人：陳婉真、白權

林尊彬先生係臺灣高座會彰化區會現任副會長（另一位
副會長為曾天來先生），並曾任上一任的總幹事，對高
座會會務出力甚多。訪問期間正逢臺灣高座會第 23 屆
全國聯誼大會在彰化舉行不久。林尊彬感佩早川金次先
生「博愛仁慈，愛護臺灣少年，行善不欲人知的高尚品
德。」將他編寫的《高座海軍工廠與臺灣少年的回憶》
小冊子翻譯成中文，「目的是要向自己的後輩子孫說
明，在那個時代戰爭的經驗，誠如早川先生所說，是老
一輩人的經驗，非身歷其境的人是無法瞭解的。」並且
要讓下一代認識戰爭的恐怖，以及珍惜和平之可貴。

我們當年總共大約有 8 千 4 百多人。這幾年高座會會員逐年減少，現在全國大概只剩 1 千多人。高座會分別在臺灣及日本都有，彼此常有交流，日本人第二代參與的情況比較多，這次來臺參加我們第 23 屆大會的第二代就有 1 百多人。臺灣的會員部分共來了 50 幾桌。

沒人可調了，來臺廣徵少年工

我的故鄉在竹塘鄉，父親務農，有 5、6 甲土地。我是在竹塘讀完國小後，到溪州國民學校讀高等科，我在 4 月入學，不久就得知日本人徵求臺灣少年工的消息。當時要經過初試及複試，初試考學科，複試考體力。原先說好到日本 5 年後可取得 5 年制高工的學歷，是很好的誘因，所以很多人爭著想要去。

我們那兒共有 100 人參加考試，有 70 人錄取，我記得在 7 月就先到岡山海軍 61 工廠，接受短期軍訓後，搭火車到基隆後再搭船到日本。

我是在 1942 年 8 月啓航，1945 年元月才回到臺灣，總共在日本過了 4 個年。我們當時是搭「日泳丸」，是一艘專門運送傷病患的病院艦，國際法規定這種船在海上航行時不得攻打，另外，日本政府還派軍艦護送。日泳丸是一萬多噸的船，同船的有 1 千多人。原本從臺灣到日本 4 天 3 夜就到得了，我們卻繞了 10 天。

抵達後才發現工廠還沒蓋好。因此，接受了兩個月的基礎訓練之後，我就被派到三菱株式會社的工廠學習做飛機，

117

當初說讓我們半工半讀，其實只是教我們一些基本常識後，就分發去工作了。

　　當時日本的零式戰鬥機最高只能飛 5 千公尺，美國的 B-29（註1）可以飛到 1 萬公尺高，我們製造的雷電機可以飛到 1 萬 2 千公尺，為了反制 B-29 的轟炸，因此急需製造這種飛機。但日本本土國民，男的全被徵調去當兵，女的當護士，已經沒人可以徵調了，才會想到在殖民地的臺灣找人。像我們這種高等科畢業的，是他們的最愛。

　　我們住在神奈川的大和市，距離東京不遠。那時 B-29 每天都來轟炸，聽說東京大空襲時美軍總共出動了 5 百台 B-29 轟炸機，我邊躲警報邊算，有 4 百 90 多台，那次東京一共死了 10 幾萬人，晚上從宿舍看到東京的方向，只看到大火燒不停，很可憐。

　　後來，天皇宣布無條件投降時，報紙報導守衛在皇宮外的二重橋前，有兩百多名特攻隊隊員集體自殺。

　　有關於我們在日本造飛機的事，一位當年帶領我們的日本人早川金次先生有一本小冊子，寫得很詳細。早川在 2008 年 11 月，以 94 歲高齡亡故。他的奉獻與付出，永遠留在我們這些當年的少年工及遺族的心中，非常令人感佩。

霧社事件重演？

　　我是在 1946 年元月才回到臺灣的。一下船，看到那些中國兵，有揹著鍋子的、穿棉襖的，看在我們這些在日本那麼冷的地方都穿得俐落的人眼裡，不誇張，大概 10 個人中就有

9個人眼淚都流出來了，這樣的軍隊怎麼可能打勝仗？看到這些人，很多人都說，與其被他們來管，還不如再給日本人管好一點。

你相信嗎？中國兵竟然不會打綁腿，看他們的綁腿，簡直就像在小腿腿肚上包石頭，「這款中國兵！」你看了眞的會流目屎。

和那些中國來的相較之下，我們臺灣人無論是過去所受的訓練，以及能力方面，比他們優秀許多。可是大多數人回到臺灣都找不到工作，要回去做農夫又覺得很不甘願，後來去考公職，先是當警察，後來轉任里幹事、課員、代理課長退休。

二二八發生時，我聽收音機廣播說，海外回來的都要到北斗區署前集合待命。我去了，但等了幾小時沒什麼動靜，大家就各自回家了。

四萬換一元時我已經在大城分駐所當警察，其實就這件事來講，很多老百姓不會想，只知道錢一直薄，物價一直漲，有時一日好幾市，就以米來講好了，上午1斗米20元，到了下午就變成1斗40元，明天又變成100元，就這樣錢越來越不值錢。（註2）

這就是政府搶老百姓的錢嘛！最後舊臺幣換新臺幣時，等於你拿4萬元和他換1元回來，他不是搶你39,999元是什麼？其實物價上漲早在國民政府來接收就開始了，原因是貪污舞弊營私等情況嚴重，當時長輩們就私下議論紛紛說，再這樣下去遲早有一天「霧社事件」會重演，果然不久就發生二二八事件。

　　我當時雖然已經有工作，但市面上一般商人都以「土符仔」代替現鈔，銀行高興開多少就開多少，眼看這種情況，我原本想成家也暫時不敢了，因為沒錢娶妻，更不敢生子。

高座少年工的歷史背景

　　日本到了二戰末期，幾乎國內可徵調的兵源全都調了，還是不足以因應戰爭之需，因而決定在殖民地臺灣徵兵，並徵調更年幼的少年到日本造飛機。

　　以今日兒童少年福利法的定義而言，未滿 18 歲的少年在法律上還是未成年人，必須有監護人的照護。然而，日本政府卻於 1942 年 10 月，透過臺灣總督府在全島募集，號稱可以一面工作一面讀書，畢業後還有文憑，也可以為國效勞，因此吸引很多年齡在 13 歲上下的少年參與，經過嚴格的考選，及格者分批送到日本高座地區工作。

　　一位原高座海軍工廠技術員早川金次先生，目睹這些為數 8 千多名的臺灣少年工的工作情形，以及若干遭到轟炸而客死他鄉的，讓他深受感動，早川先生在戰後經過一段復原時期，待生活好轉之後，獨自一人於 1963 年 12 月，在當年原址善德寺，為這些遭炸死及病死的少年工們，建立慰靈碑，永久紀念「那懷念著雙親無法會面，叫著寂寞而客死異鄉的少年」的英靈。

位於日本神奈川的「戰歿臺灣少年碑」。

大和市臺灣亭。

　　早川為此曾先後到臺灣 27 次，目的只是查證及慰問死者遺族，足跡遍及全臺。他在一本名為《高座海軍工廠與臺灣少年的回憶》小冊子中說，他這麼做的目的，「並無要向世人宣揚之意，是以贖罪的心情，做一件認為應該做的事而已。」

　　由早川的著作我們才得知，日本知名作家，後來切腹自殺而震驚全世界的三島由紀夫，也曾經在戰爭期間被徵調到高座海軍工廠服兵役。以今日災難心理學的角度看來，三島的切腹自殺，何嘗不是戰爭的後遺症？

　　在早川的小冊子中，對於臺灣少年工當年辛苦的情況，描述相當詳細，以下是摘錄並整理過後的少年工生活情形：

　　早晨起床，號角一響，像是蜜蜂出巢，迅速行動，3條毛氈各自折疊成3疊整齊放入內務箱，跑步到操場集合，時間是5分鐘，遲到者受罰：跑運動場數圈或2人站對向對打耳光。聽舍監的訓示做海軍體操是每日早晨的功課。

　　早餐在大餐廳用餐，豆醬湯（註3）像冰水般冷，米飯滲入豆粕（註4），餐後在廣場集合，點名後向實習工廠或工廠出發，排成4行，高唱軍歌行進。

　　下班回宿舍後必須清掃臥房及走廊，嚴格要求窗明几淨，內務整齊清潔，並在走廊排列整齊接受點名及檢視內務，如果檢查不及格，要接受海軍制裁，伏地挺身50次，如果屁股翹太高，就用木棒打屁股或兩人相向面對面互打臉部，若不認真做，後果更為嚴重。晚餐後就寢前大家會互相安慰或獨自悲傷的沉思，帶著疲倦入眠。

　　在實習工廠也很辛苦，上班要走3公里崎嶇不平的小山路，冬天寒風刺骨，只穿薄薄的化纖作業衣，大部分人都受到凍傷等困擾。實習檯上放置千斤頂，實習生左手握鋼斬，右手拿鐵槌，配合指揮者的笛聲，揮起鐵槌學習斬鐵，有時不慎會打到手指，立刻會浮腫，在那樣寒冷的天氣實在苦不堪言。

　　少年們的食是分發餐券，衣服及其他日用品都是配給的，工資是日給80錢，每月約領20圓，按當時的物價1個大福餅是2錢，其餘的錢均強制儲金。

　　相較於日本人，臺灣人的飲食習慣在食物中的油脂比較多，然而少年們的主食是豆粕摻飯，副食更是沒有一點油

脂，像胡瓜、茄子都是鹽漬物，許多人因營養失調而感染
肺結核、夜盲症等，有些人甚至病死。

　　以下是一位當年臺北二中（今成功中學）畢業的少年幹
部李添石先生，在艱困的生活中所寫的詩，最足以描寫當
年生活的情況：
　　離開故鄉數千里，堂堂正正越海去；所向其名頗芳美，
日本海軍製飛機。
　　穿望小路是麥園，樹林陰翳夾中央；眺望眼前大煙筒，
疑似工廠是廚房。
　　早餐豆漿總是水，午餐菜餚魚尾椎；晚餐飯菜像冰水，
難怪天天流鼻水。
　　風雨交加無雨衣，所向嚴格實習期；手握鋼斬學斬鐵，
誤打指臂即腫圓。
　　浮腫凍痛向誰訴，母親海隔千里島；祈望吾子必健康，
未悉果然是虛況。
　　腦海浮現懷故里，何年何日有歸期，過去日子成物語，
期望綠島戀故居。

　　令早川在事隔半個世紀想到還會悲傷流淚的是，1944 年
12 月 18 日，有 25 名少年工在三菱航空機名古屋工廠，因
遭受轟炸死於防空洞內（註5）；1945 年 7 月 30 日，另有 6
人被空襲厚木航空隊的小型機炸死。此外還有病死的。慰
靈碑便是在紀念這些客死他鄉的臺灣少年。

註1 二戰期間美國波音公司設計製造的 4 引擎螺旋槳轟炸機，全名為：B-29 超級堡壘轟炸機（B-29 Superfortress），亦稱超級空中堡壘，是二戰期間各國製造最大型的飛機，也是當時最先進的武器，二戰末期對日本城市的焦土轟炸，以及長崎廣島兩顆原子彈，都由 B-29 執行任務，對臺灣的轟炸也均以此型飛機，民間因而以「B-29」形容大而強壯的人或物。在日本則有「地獄火鳥」之稱。

註2 根據臺灣高座會第 23 屆全國聯誼大會特刊資料指出，日軍在戰爭期間為對付美軍登陸作戰而儲存的，包括可維持 20 萬人作戰 2 年份之軍需品，及 2,317,000 噸的糧食，都被陳儀送到中國，導致從不缺米的臺灣嚴重缺糧，臺北市 1 斤白米的價錢由 1945 年 8 月的 0.2 元，漲到同年 11 月的 12 元；1946 年 2 月再漲到 16.8 元；1947 年 1 月漲為 80 元；同年 12 月漲為 220 元；1948 年 2 月漲為 2,400 元。總計 2 年半的時間上漲 12,000 倍。

復依《1947 臺灣二二八革命》書中指出，陳儀在接收後，承襲日本時代的辦法，實施糧食配給，但因米已被運往中國，且多存於私人倉庫待價而沽。臺灣省行政長官公署乃於 1945 年 11 月 27 日派了二十多隊「糧食勸徵隊」分赴各地徵糧，收購的米價是 1 斤 1 元，不足農民的最低成本。

配給方面是平均每人每日配米 8 兩。當時中國軍米的配給是每人每日 25 兩，產米之鄉的臺灣人民配米量竟不及中國軍人的 1/3！

尤有甚者，彰化自 1945 年 12 月中旬；臺北市自同月 20 日起都停止配給；高雄每月只配給 4 次僅可供 10 天食用，連留在臺灣等待遣返的日軍也因缺米而提出抗議。

註3 即味噌湯。

註4 是大豆榨取油剩下來的糟粕，平日是養豬的飼料，因戰爭末期食物缺乏，在米飯裡滲入豆粕來增量。

註5 曾是少年工的黃毓蘭先生，於 2002 年 6 月 28 日在臺灣日報投稿《我在日本當飛機工的歲月》文中指出，他當時是被分配到三菱飛機製造廠大江工場，算是軍方支援民間工廠的人力，每天早晨由他帶領 60 名隊員從宿舍整隊步行到工廠。

出事當天凌晨五點多，一架美軍空中堡壘重型轟炸機，首次向名古屋市投下燒夷彈，造成廠房及機具損失，一直到中午 12:40，再投投下無數燒夷彈，接著開始投炸彈，而且反覆連續十餘波次的波浪式密集轟炸，全廠被夷為平地。

這次大空襲中，共有三百多人死亡，傷者不計其數。高座海軍工廠的派遣隊有 25 名臺灣少年罹難，其中 1 人被暴風拋落大海，一週後才漂流回海邊被尋獲。死者分兩批火化，骨灰帶回宿舍安放。掉落大海少年的骨灰箱，在未尋獲前是用他本人的衣服代替骨灰，尋獲後再補辦。

骨灰於戰後由同袍帶回臺灣交給家屬，日本政府鑑於他們是以軍屬身分為帝國犧牲，在 1960 年 10 月 17 日，將他們合祀於東京靖國神社，並透過中華民國紅十字總會發放每位死難者約日幣 200 萬元的弔慰金，由遺族指定 1 人代表請領。

曾天來與作者合照，訪談才知道原來是親戚。

受訪者背景

受訪人：曾天來

性別：男

出生年月：1927 年 5 月 29 日

訪問時間：2010/9/3

地點：花壇鄉曾宅

訪問人：陳婉真

曾天來先生為花壇鄉前鄉長曾文勳的父親。1943 年曾
赴日造飛機，這個造飛機的計畫類似現今的「建教合
作」，由臺灣總督府通令各公學校徵募，宣稱參與者除
了有薪水可領，還可以取得中學畢業證書，又可以學技
術，所以很多人瞞著父母偷偷去報名。曾先生現任高座
會彰化縣區會副會長（另一位副會長為林尊彬先生）。
他保留很多當時的書籍照片資料，並在曾文勳任鄉長編
印《花壇鄉志》時，特別把這段歷史列入。根據鄉志記
載，今日花壇鄉內至少仍有十餘名前海軍工員，他們都
是花壇公學校高等科第 1 屆至第 3 屆畢業生。

　　日本於 1943 年因爲戰爭的需要，在臺灣徵求年輕人到日本製造飛機。原本打算徵集 3 萬人，後來大約去了 1 萬人，其中臺灣人就有 8 千多人。

偷蓋章應徵工員

　　我是讀高等科時偷偷蓋家長的章去應徵的。待遇那麼好，很多人都想去，父母卻不忍心，不會答應，所以偷蓋章，等政府同意我們去時，父母也無法反對了。

　　出發時第一天先到彰化，第二天一早就搭船。

　　高座距離東京大約 1 小時車程。我們到達後才發現，根本都還沒有什麼設施，只有宿舍和洗澡間蓋好而已。總共有 4 棟宿舍，每棟住 2 千人，共 8 千人。

　　剛去時很辛苦，很多人想家，晚上就躲在被窩裡偷偷流眼淚。洗澡堂那麼大一間，沒有熱水，冷得受不了時只好不停跳躍才能勉強度過。

　　我們雖然不是兵，因爲是隸屬於日本海軍，相

宿舍和有大煙囪的澡間先蓋好。

當受禮遇，即使外出服裝不整也無所謂，那時誰也不怕，只怕憲兵。

　　剛開始去的時候沒事做，被分配到軍工廠工作。後來開始造飛機，起先連圖都看不懂，只能邊做邊自修。

高座少年工合照，曾天來於前排左一。

酷寒的天氣，一群高座少年工擠在浴室沐浴。

高座海軍工廠的大浴間。

　　不久我就學會做飛機的窗子，因爲機窗的角度不一樣，而且零件都很精密，很難做，我們還是做出來。昭和 19 年（1944 年）第一次試飛就摔下來，還好飛行員沒死，前幾年那個飛行員曾經到嘉義參加我們的高座會聚會，笑著對我們說：「那次被你們害沒死。」

遲來的畢業典禮

　　戰爭末期日本遭受密集轟炸。美軍的 B-29 轟炸機，每天早上 8：00 到 12：00，中午休息，下午 2：00 到 5：00；晚上 8：00

又開始轟炸。最可憐就是東京，在昭和 18 年 3 月間的東京大轟炸，死傷非常慘重，建築物也全毀，只有皇宮沒有被炸。

1945 年 8 月 15 日，日本天皇透過廣播宣布投降，一個禮拜後我們的工作就全部停止了。因為戰敗，日本人主管也跑掉了。

在高座這個廠的臺灣人有 8 千多人，日本人只有少數技術人員及行政人員，他們走了以後，就由臺灣籍工人中的主管開始自治。戰時在港口有一批鹽，我們拿來用，伙食方面就由主管去找神奈川縣政府交涉，取得一些配給的食物。關廠前他們也分發給我們每人 2 千元的退職金，當時的 2 千元，約可以在臺灣買 5、6 分的田地，1 百元可以買 3 斗米。不過學歷來不及頒發，直到終戰 60 年後，才補辦了一場畢業典禮。已經七十多歲了，只是做紀念啦。

高座少年工在職證明書。

戰後 60 年，由日本民間社團補發的畢業證書。

工廠結束前，爲了不願留給來接收的美軍，我們先把剩餘的飛機燒掉了，一些零件及設計圖，就在森林裡分散成好幾處挖地洞掩埋起來。

那時很傻，不會想到把這些技術帶回來。不過有人寫信給南京的國民政府，問蔣介石要不要把我們這一批造飛機大隊轉移到中國去，好幾個月之後得到的回音是他們沒錢，不想做。

高座少年工看圖研究飛機製造（曾天來提供）。

曾天來提供他的筆記：
日本戰機雷電與月光。

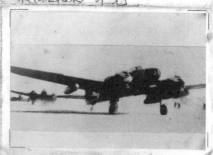

　　至於我們這 8 千多人中，有的留在日本；也有人先留在日本，隨後到中國，不是被國民黨抓，就是被共產黨抓走，都被當成戰犯處理了。

　　我是在 9 月間到長崎縣的佐世保，那裡是接收美軍的駐紮地，比較有機會能早點回臺灣。在那裡碰到戰時到南洋當兵的臺灣青年隊，他們先由盟軍載到日本，再等候船期回臺，我就和他們一起住在針尾水兵學校，等了 4 個月後才搭到船。

狗去豬來學「揩油」

　　回到臺灣，甫下船就看到帶著破傘穿破棉襖，有長天花（註 1）也有獨眼……的軍人，根本沒有軍紀可言，這就是「祖國」的接收軍！當時真想再回日本去。

　　所幸我們的船是由美國憲兵押送回來的，中國兵不敢過來，因此沒有查驗行李就順利放行。上岸時每人發給一張火車票、一個便當，我從基隆搭晚上 8 點的火車，第二天一大早 6 點回到花壇，因為行李很多，父親到車站幫我挑回家。

1945 年終戰了，戰爭中受苦的臺灣人一夕之間成了戰勝國國民，高座少年工在等待回臺的期間的旅遊照。上圖後方右一為曾天來；下圖後排左二為曾天來。

　　我是屬兔的，國民政府時代沒有再被徵調當兵；小我一歲屬龍的，被調去當了 4 個月的國民兵。

　　中國兵的軍紀很差，任何東西只要他們看中意的，搶了就走，根本不付錢。每到一地，無論是廟宇或是民宅客廳，也是看中意就住下來不走，後來家眷也來了，占住的更多了，像彰化、花壇的媽祖廟，以及很多學校教室、禮堂都被占住了好幾年收不回來。

　　二二八事件發生時，我趕緊把一些日本拿回來的資料丟到外面的大排水溝裡去。軍服、軍鞋、毯子等，好幾皮箱的紀念品及資料，也都丟掉了。二二八以及接下來的「清鄉」時期，早已有人警告我們去過日本的人要特別注意，因此我很小心，不敢出門。也聽到很多人是因為受到中國兵挾怨報復，被檢舉後就被抓走了，親友都躲得遠遠的，不敢問。

　　臺灣人真歹運，那時流傳一句話說：「狗去豬來」。意思是狗還會幫我們看門，豬只會吃⋯⋯。

　　「揩油」這兩字，也是在二二八前後臺灣人新學到的詞彙，日本人的教育裡面，沒有貪污揩油這種行為。

社會太亂，寧當自耕農

　　看到社會的變化不是很樂觀，原本有人要我到郵局上班，我沒去。我選擇在家裡種田，做了 10 年的農夫。

　　四萬換一元時，我沒有什麼現金，但至少有米吃，比較沒有影響。公務員就很辛苦了，當時公務員每月薪水約只能買到 2 斗米，有時還欠薪欠了兩三個月，至於工人階級大約

每星期薪資可以買 1 斗米，其他的就只能吃番薯簽（註2）了。

　　三七五減租時，我們原本有 2 甲多的土地，被徵收 1 甲多，其他家族的公田也被徵收了 3、4 甲地。

　　我雖然是自耕農，但政府的規定是，共有的農地，只要所有權人中有一人不是農民，就被徵收；或是農地太大自己種不了，讓佃農來耕種的，也都被徵收，換幾張毫無價值的工礦股票給你，對地主非常不公平。

　　回想起來，日本時代雖然警察比較討人厭，但很多日本公務員都奉公守法，尤其日本老師教育學生非常認真，令人尊敬，老師對學生額外的補習都是免費的，現在國民學校老師靠補習賺外快；日本人的教育教導學生如何修身如何做人，現在教三民主義，兩者相差太多了。國民政府剛來時兵仔車撞死人是不賠的，後來改由司機自行賠錢，都是不講理的野蠻行為。

註1　天花是由天花病毒（學名 Orthopoxvirus variola）引起的一種烈性傳染病，常常引起死亡。天花病毒是一種非常複雜的病毒，染上天花的病人就算幸運痊癒，亦可能導致眼盲，絕大部分會在皮膚上留下明顯的永久瘢痕。據估計，在 20 世紀的 100 年內，全球約有 3 至 5 億人死於天花。
　　日本人統治臺灣期間，很多在中國廣泛流行的傳染病，在臺灣都已絕跡。因此，臺灣人看到來接收的中國人裡面，因感染天花造成麻臉或眼盲的人為數不少，第一印象都非常震憾。

註2 根據文化部《臺灣大百科》的解釋，番薯在日治時期和光復初期的農業社會中是一般農民的主食。所謂簽就是把番薯戳切成細長條形狀，將番薯放進戳簽機裡，一條條的簽就戳出來了。

正確的說，番薯簽飯是日治末期因戰爭物資管制，以及光復初期臺灣米被運到中國偷賣導致缺糧，全民（不只是農民）不得不以番薯簽飯維生。而且，因為糧食奇缺，很多臭爛的番薯也一起曬乾製成番薯簽，煮起來整鍋飯都是臭番薯簽的味道，許多吃過番薯簽飯的人，經濟情況好轉後，不想勾起難熬又痛苦的回憶，終其一生不吃番薯。

受訪者背景

受訪人：李雪峰
性別：男
出生年月：1926 年
訪問時間：2010/12/11
地點：臺北市
訪問人：陳婉真

現任臺灣高座會總會長，並為臺灣高座臺日交流協會理事長。終戰由日本返臺時，和前總統李登輝先生搭同一艘船因而相識，成為李前總統的友人及支持者，現任李登輝民主協會理事。

我當時是就讀臺北商工乙種專修科，想考大學的話，還要再讀高等學校才有資格。日本時代的考試制度形同地獄，非常困難。尤其我在畢業前一年和同學打架，被罰停學 10 天，每天要寫「教育敕語」(註1)，大約四、五百字，在家裡慢慢寫，第 8 天第 9 天才拿到學校去交卷。

應徵海軍「要員」

那時每個學校舉行任何儀式時，都要由校長恭讀教育敕語，是日本教育的講本。

不久，老師告訴我們日本正在招考海軍要員，那時老師不是說「工員」，而是說要招考「要員」，說可以半工半讀，並可頒給晉一級的學歷，我心想如果 3 年可以得到一個學位，還不錯，因而志願前去。

臺北市的志願者是在衛生所辦理身體檢查，並接受一些口試，很快就通過了。我們中學畢業生不用筆試。

我那年 18 歲，中學畢業，因為我們的畢業典禮是在 3 月 18 日，甲種中等學校比較早，在 3 月初，所以甲種畢業生在 3 月 5 日第一批先去，其次在 3 月 15 日、3 月 30 日分別又去了兩批，總共有 3 批 200 名中學畢業生前去，我是第 3 批去的。

我們先是接受一些軍事訓練、海軍基本禮節等基礎教育，等到稍後考試錄取的國小 6 年級及高等科 1、2 年級生，就由我們在 4 月 20 日接這些人。

早期有很多人逾齡就學，我們按照生日的早晚順序排下來，我排在很後面。

　　頭一批高等科畢業進來的約有八百人左右，廠方就從我們這兩百人中間找三、四十人去當中隊長、小隊長等，去訓練他們。如此，我們這批人共訓練了三批小學生送去日本，我是在昭和 18（1943）年，三批中最後一批到日本的。

　　臺灣的訓練基地在岡山和彌陀間的一個海軍宿舍。由一些中級軍官來訓練我們，最後日本再派軍官來帶我們過去。

　　出發時，有的從基隆港出發，也有從左營。原本直航只要 3 夜 4 天就可到達，但因臺灣海峽已有美軍潛水艇進來了，因此，我們迂迴從中國沿海再從黃海到日本，有的從關島那兒往北到日本內海，分別由幾個不同港口上岸。

　　一般我們到達港口後都搭半夜的車，抵達目的地名古屋時天剛微亮，一下車就有愛國婦人會的歐巴桑拿一些飯丸、飯包、給我們吃，因為在船上搖晃時很多人暈船食不下嚥，吃到這些食物，恍如吃到仙丹。

　　到達目的地時，才發現整片工廠只有一棟實習場已經蓋好，其餘就是宿舍，有 20 寮，1 寮 20 間，加上前後有兩間管理室。當時 1 寮住 200 人，10 寮算做 1 舍，有 1 個舍監，舍監之下每寮有一個寮長，共 10 個，寮長是由 200 個中學畢業較溫和穩重的人去當，才有辦法去管理這些十二、三歲的小孩，如果人強勢，小孩的思鄉病會更嚴重。

打得到 B-29 的飛機

　　剛開始的工作是實修，就是教你到現場學習如何拿鐵槌、拿鉗子等。初期還有照原先的約定，上午讀書，下午做工，

但隨著時局對日本越來越不利，就改為全天做工。

我們做的飛機是日本最新的戰鬥機「雷電機」，咱臺灣囝仔手裡做出來的有 128 台。別處我不知，我們也沒有資訊，我們打造的部分就有這麼多，也送了幾台回到臺灣，提供給特攻隊使用。

原本這些飛機是要保護東京，因為 B–29 飛行的高度都是八、九千米，當時日本的「零戰」和「紫電」兩種戰鬥機飛不到那麼高，拿它沒辦法，我們做的飛機機腹比較大，較短，飛得比較高，可以打到 B–29。

我們的工廠是全新的。剛去時因工廠還沒有蓋好，4 千多人紛紛派借到其他軍事工廠，留在工廠人員所剩不多。外派的人中有的到長崎第 11 航空廠；到九州；有的到廣島吳市第 21 航空廠；有到名古屋的三菱工廠；以及神戶邊的川西飛機廠；後來又有派至關東郡尾縣；或是千葉縣的第一航空廠……，因為這些工廠有的被炸毀，勞工一直失落，死的死，徵調當兵的去當兵，就派我們這些少年人去補充協助。

我們在臺灣時，很氣日本人欺負我們，但當地人不會，內地的日本人對我們很好。那時因為年少會想家，禮拜天放假外出時，我們會把家裡寄的糖果等日本較缺的食品，拿到農家和他們交換一些吃的東西，他們也不會占我們便宜，拿多少糖去，他就給你多少番薯。在工廠平時吃的還可以，但假日出外運動量大，肚子容易餓，就以此來彌補，因此，大家和地方人士的感情都很好，直到現在，都公認這個地方是我們「在日本的故鄉」，是我們的第二故鄉。

在這中間，日本不斷受到 B29 的轟炸，到處都有死人。

我們去的 8 千多人（第 1 年去 4 千人，第 2 年又去了 4 千人）中，總計死了 60 個。都被奉祀到靖國神社，我們每年都會「回鄉」，和地方人士聚餐關懷話家常。

說起這些被炸死的 60 人，我原本也該是其中之一，因為我也被分配到名古屋工廠，轟炸名古屋那天我正好值日，卻突然牙痛，臨時請假外出去看牙醫，才逃過死劫。那次被炸死 25 人，以住彰化員林的人居多。

成立高座會

1988 年，臺灣剛解嚴不久，一時之間彷如雨後春筍般，當年的少年工一直跑出來，後來在臺中全國飯店召開「高座會」第一次會員大會，由何春樹主持，並選舉會長。

何春樹先生被選為我的副總會長。我那天剛好去琉球沒有參加，回來後才知道我竟然當選總會長。我又沒有答應，這種事，真稀奇。

從那之後我們開始積極和日本往來，我每年的賀年片至少要兩百張以上。而高座會到現在應該已經是第 23 屆了。

在第 5 屆時，我們當初宿舍舍監的兒子當選「故鄉」大和市的市議會議長。

這也是在無意中發現的。

起初是因為一位早川今次先生，在 1963 年自費於一間寺廟裡建立了一個慰靈碑，紀念戰爭中死在日本的 60 位少年工，我們高座會會員每次到日本都會去那兒行個禮，接著去拜訪市長，市長不在，由議長接見，我們發現他的姓氏很熟，

和當年舍監同姓，他才說他的確是那位舍監的兒子。

那次帶隊的會員是臺南新化人，議長說：「聽說你們臺灣有這個會，我可不可以參加？」同行的會員當然表示歡迎，並說回來會轉告我，下次開會時會發帖邀請他來，那年我真的發帖邀請他來臺灣參加我們的年會，那次年會在彰化舉行，縣長是周清玉。

臺灣高座同學會彰化區第一次會留影，攝於1986.6.15.（曾天來提供）。

從那時開始，雙方每年都有往來，通常春天大約 5 月間我們去，秋天約 11 月間他們過來。

戰亂中相互扶攜的情感

我們每年的年會是由全臺各地輪流舉辦，只是有些地方因為人少，要辦理這種大型聚會比較吃力，因此會員人數多的地方舉辦的次數比較多。

我們在彰化的會員很多。現任總幹事是蔡天開。他很努力，這次若不是他，無法來那麼多人。接下來明年在嘉義，後年在雲林，都已經決定好了。只是這幾年人越來越少，年紀都大了。雖然如此，大家都很親，每次開會大家都很高興。

各地都熱情提供很多土產，多到帶不回，因為當年那麼辛苦，大家都有很深厚的感情。

像我們每年到日本靖國神社去祭拜，別人是在外圍拜，只有我們的團體進入到裡面，有一次碰到前首相小泉純一郎正好到靖國神社參拜，看到我們的牌子「高座會」，問說高座會是什麼團體，旁邊的人特別向他解釋。

哪像那個高金素梅（臺灣原住民立法委員）真沒禮貌，去到人家的神社，照規定要脫鞋，大家都能遵守，只有她，把鞋子直接穿進去，嚷著說要還她的祖靈，還去告日本，這種問題她怎麼會告得贏？這已經變成一個國際問題。如果是日本人告日本人還有得說。

因為我們都在每年的 5 月往訪，正好每年 5 月第 2 個禮拜天是當地的節日，我每次去都自費買 100 份的禮物，以高座會的名義分送給當地朋友，賓主盡歡。

大和市市長對這些老人也都招呼得非常周到，每個人都安排一位中年婦女全程陪在身邊，我們每次回到臺灣，一定打電話向他們報平安，他們來訪時也一樣。

大家感情會這麼好，就是因為當年空襲非常厲害時，大家很辛苦，沒東西吃，那些日本歐巴桑都會偷偷拿一些東西給我們吃，這些囝仔也都會要家裡寄糖去回報，在這樣彼此密切往來當中，約有一、兩百個人戰後決定留在日本沒有回來，有好幾個變成她們的女婿。

每年到靖國神社參拜

我每年寄給他們的賀卡都有經過設計，除了飛機之外，也曾用我們捐贈給他們的涼亭加飛機，後來是用玉山加高座會會徽，以及日本電視台 NHK 訪問的電視畫面等。只要認識的相關人士我都寄，地方上也有一些議員、眾議員、市長等，彼此都有交情，大家禮尚往來，感情很好，所以我們如要到日本國會拜會，他們必定盛情招待，30 個 50 個都沒關係，別的沒有，至少茶水餅乾都會招待，議員會出面接見。

交流過程中，大家談臺灣和日本的關係，談到最後他們說：「沒有臺灣，日本無法生存；沒有日本，臺灣也無法生存，所以兩者一定要手牽手，大家要合作，必要時我們會找一些人替你們講話。」

這種交流團體，光是東京就有 7、8 個會，剛開始是由臺灣返回日本的人士組成的，像「臺灣協會」、「日臺交流會」、「李登輝之友會」、「日臺文化教育會」……等。

這麼多個會，剛開始因為經驗不足，我們是租一輛巴士逐一拜訪，走不到 3 處，時間就不夠用了；後來我們改為早上 9 點到 10 點，先到靖國神社參拜，接著借用靖國神社二樓的會館，以便當舉辦中餐會，請所有社團人員一起來。

最近，在我們 23 屆全國大會會刊刊載一則報導，一位日本人為了尋找當年的臺灣人伙伴，歷經多方打聽，終於如願見面了，兩個 80 多歲的老人抱著又哭又笑的鏡頭，讓人很感動。我們在這麼多年的交流過程中常常會有這些驚喜，這些都是彌足珍貴的異國感情。

回頭來說我們當時的待遇是，留在本廠的，依學歷有所不同，約在 30 至 40 圓之間，派外的，每天有兩圓的出張（出差）旅費，1 個月就有 60 圓，那 60 圓就很可觀了，比本薪還多。像我是 43 圓多，加上加班及出張費 60 圓合起來每月 150 圓，這在臺灣是高等官的待遇了，所以我相信你未曾聽過有高座會向日本人索賠的。我相信沒有。

美山丸上認識李登輝

終戰日當我們聽到天皇宣布無條件投降的廣播時，大家一則以喜，一則以憂，喜的是可以回臺灣，憂的是不知道要如何回臺，大家商議後決定組一個「臺灣省民自治會」。

自治會底下分為糧食、燃料、醫療、公關、總務、會計等多個組，一位臺北的同學擔任會長，我任副會長，因為他長得比較高大，看起來比較有威嚴，我說你做會長，厝內我幫你看著，所以我主要負責管理內部事務。會務就這樣開始運作。

分工後有的去找內務省及海軍省交涉船隻的調派，有的人去交涉米糧蔬菜等。經我們交涉的結果，縣政府授權我們所有必需品都向特定單位購買，付錢的事情由縣政府派一個主計官來，我們都稱呼他為「水蛙嘴」，因為從前兩片開口，中間以金屬交扣的錢包狀似青蛙嘴。我們簽名後，錢就和水蛙嘴算；此外，我們還爭取每人每月 50 圓的零用錢。

第一艘回臺的船隻有著落後，我們先安排一些人上船，多數是來自臺中及臺北的少年工們。

　　在等待回臺期間，因爲有人調皮，加上天冷，在宿舍升火取暖，造成一棟宿舍被焚毀，原本想深入追查肇事者，最後是以找不到人爲由結案；也有人去美軍糧食倉庫偷罐頭。

　　不久，又找到一批回臺灣的船「美山丸」，我就是搭這艘船回臺的，在船上認識一位名爲「岩里政男」的京都大學學生，就是日後的李登輝總統(註2)。

　　回來的第二年，臺灣就發生二二八事件，我到臺北放送局借用他們的廣播，請所有這些囝仔都集合在中山堂。那時不記得是誰教我的，還是我自己想的，我對他們說，現在如果衝得太早，後面不知會發生什麼情況，你們在家裡等待，隨時有情況，我會再透過放送局向你們廣播。日期約是 3 月 1 日或 2 日。

　　我的年歲比他們大，我講的話他們會聽，我又剛好住在迪化街，距離事變發生地點很近，了解很多第一手資訊。我告訴他們事變經過，又說，現在情況是對方手上有武器，咱沒有，所以我們要等時機來時再行動，這時機何時會到，我目前沒有把握不能講，請你們在家中等候，屆時我會再透過廣播通知，隨即解散。

　　接著，我南下虎尾，在虎尾糖廠看到一些原住民包圍糖廠，並向糖廠人員要子彈，糖廠說已經沒有子彈了。

　　我又回臺中，遇到一位黃棟老先生，他告訴我說你不瞭解中國人，他們現在恬恬（默默）讓你們欺負，等他們的人都來了之後，就會很慘，尤其是你，一定要想辦法保護自己。

　　回到臺北時，我母親也擔心我的安危不斷唸我。我們從前古早厝家中有半樓，半樓上有一間密室，母親要我先躲到

密室裡。

到上海躲二二八

到了 3 月 7 日，父母親要我去上海投靠大姐。

大姐是陳重光（註3）的元配。

那時臺北市警察局長被革職，他正好也要去上海，和我搭同一條船，他要去的地方剛好和我要去的是同一個地點，我心想怎麼那麼奇怪，後來才知道原來他也要去投靠陳重光。

我姐姐看到我，先給了我一些錢，又幫我找了一位老師教英文，但老師講上海話我聽不懂，我那時中國語也只會講一兩句而已。於是我到福建青年會去走走，和他們有一些互動。

後來我才知道，我到上海的同時，陳重光陪白崇禧一起回臺灣，之後又回上海。

姐夫曾於戰後回來接收澎湖，那時澎湖比臺灣還重要，其實他回來只是要看看家裡人而已，不久又回上海去了。

二二八事變不久，中央政府成立二二八調查團，由白崇禧負責到臺灣調查，陳重光也是團員，住在勵志社，就是中山北路上的孫中山紀念館，他們都有抽菸，好像勵志社沒賣菸，姐夫打電話找我父親，是母親接的，姐夫請她多買一些菸送過去給大家，母親果真去買了很多菸，自己一個人拿到勵志社，在門口被中國兵吆喝，那時情勢相當緊張，幸好行前父親寫一張條子說要找白崇禧，才能平安無事。那時我還在上海。

　　我大概在上海逗留了半年多才回台。姐夫說：「你要回去，明天拿一件軍服穿上，我們一起回去。」因為他和國民政府關係良好，雖然不是軍職，接收澎湖時還是中校。其實姐夫他是生意人啦，生意人八面玲瓏。

註1 教育敕語是日本明治維新時期頒布的。中譯內容如下：

朕惟我皇祖皇宗，肇國宏遠，樹德深厚。我臣民克忠克孝，一億兆之心，世世濟厥美，此乃我國體之精華，教育之淵源實亦存此。

爾臣民，孝於父母，友於兄弟，夫婦相和，朋友相信，恭儉持己，博愛及眾，修學習業，以啟智能，成就德器，進而廣公益，開世務，重國憲，遵國法，若有一旦緩急，義勇奉公，以扶翼天壤無窮之皇運。如是則非獨朕之忠良臣民，又足以顯彰汝祖先之遺風。

日本明治維新時期頒布之教育敕語。（梁煜堃提供）

斯道也，實我皇祖皇宗之遺訓，而子孫臣民之所當遵守。通諸古今而不繆，施諸中外而不悖。朕與爾臣民，俱拳拳服膺，庶幾咸一其德。
明治二十三年十月三十日
御名御璽

註2 李登輝前總統的胞兄李登欽（日本名字為「岩里武則」），於戰時被徵調到菲律賓，並戰死於菲國，和所有二戰為日本人效命戰死的臺灣人一樣，均被日本政府奉祀於靖國神社。

註3 陳重光，祖籍福建。於臺北出生。高中畢業後，赴日深造。學業未半，適逢中日戰起，而輟學轉赴大陸，足跡遍布東北、華北、京滬各地，經營貿易，並在上海創辦銀行，結交各界知名有志之士，協助中華民國政府爭取抗戰勝利。

臺灣光復，奉派回臺，參與澎湖地區接收工作。曾當選第二、三屆臺灣省議員及首屆臺北市議員。後擔任臺灣電視公司董事長、中華民國高爾夫協會理事長、槌球協會理事長、棒球協會名譽理事長、中華奧會副主席等。（資料來源：臺灣棒球維基館）

受訪者背景

受訪人：林才壽
性別：男
出生年月：1926 年
訪問時間：2010/12/10
地點：林宅
訪問人：陳婉真、白權、陳崇墩、林尊彬、蔡天開

既是二二八受難者，也是二二八受難者家屬，因二二八
事件被判 3 次死刑。為了讓二二八冤死的人魂魄有所依
歸，瞞著家人，利用領得的二二八補償金，在自家興建
鐵皮屋供奉亡靈。原因是他兩度夢見無數二二八冤魂不
得超生，無人祭拜追念的慘狀，實踐夢中諾言，為他們
蓋了一間寺廟及禮拜堂；年少時考取極不易考上的日本
東京少年飛行兵學校，因戰爭期間帶過兵，二二八時陰
錯陽差被選為溪湖自衛隊隊長，因而改變他的一生，弟
弟林天賜在他逃亡期間被誤認遭捕導致精神失常，被關
在自家製的囚籠 19 年病故，成為林才壽內心永遠的痛。

　　我家鄉在埔鹽的天盛村，從前叫做「番薯庄」，旁邊是
「浸水」，顧名思義就是浸在水裡。

　　少年時那個地方很荒野，鄉下又沒有工廠，找不到其他
工作，只能耕種。但是全庄一眼望去，魚池一堀一堀，砂崙
一堆一堆，盡是一片荒陌，稻田很少，因為沒有什麼水利設
施，頂多種些番薯、玉米、花生。

麻布袋當外套

　　我家只有一小片田園，小時候讀書回來就要和大人一起
到田裡搓草，小孩個子小，稻子長，每次都會被刺到眼睛。
我邊搓草邊想：為什麼一樣是人，有的窮有的富；有人當官，
有人只能做穡？我如果不設法，就只能這樣過一輩子。

　　當時日本人對臺灣人有很明顯的差別待遇，也沒有強制
義務教育，不讀書也無所謂，但我心想，一定要讀書才有可
能出頭天。因此，我在好修公學校浸水分校（今新水國小）
畢業後，又去報考溪湖公學校高等科。

　　當時溪湖公學校的高等科1年只有1班，約有一半是本
校畢業生繼續就讀，其他才開放給附近各學校學生報考，我
們浸水只有我和另一個同學去投考。

　　雖然說兩年制的高等科免學費，但是日本人規定很嚴格，
要穿制服，包括衣服、長褲、帽子、鞋子；體育服裝又是另
一套衣褲鞋，父母勉強提供制服已經是很沉重的負擔。當時
的衣服不像現在這麼便宜，對窮人來說都是可望不可及的奢
侈品。衣服都是穿到一補再補，鞋子是拎在手上快到學校才

穿起來，冬天很冷，海風呼呼的吹，就把麻布袋蓋在身上當外套，從番薯庄跑到溪湖去上學……（眼紅哽咽）。

體育課時規定要穿白內衣，阮是窮人，買不起，每次上體育課我就很煩惱，不得已，只好赤裸著上身去上課，被同學笑說是「脫肉體仔」……（眼眶泛淚）。心裡一直想，安怎會這麼窮？怎麼辦……？

有一次，從學校返家行經濁水溪邊（註1），看到一隊行軍的日本陸軍軍隊在溪邊休息。看著軍人的隊伍莊嚴，軍靴又很厚，心想，當兵有階級之分，上對下仁慈，下對上服從，窮人要出頭天，當兵是一條路。

原本臺灣人不能當兵，因為是二等國民。但到了戰爭末期，日本兵源奇缺，只好在臺灣徵兵，還獎勵臺灣人報考少年兵。那時我就一心只想去考軍校，心想考上之後可以逐步往上爬，到了軍隊就沒有臺灣人和日本人之分了。

考上飛行兵學校

我在高等科畢業後，到臺北當了 1 年的童工。昭和 17 年（1942 年），日本東京陸軍少年飛行兵學校第 15 期招生，第一次開放讓臺灣人報考，臺灣試場分南北兩處，我是到臺北應考的。考生中臺灣人和日本人都有，印象中很多人參加，考試的結果臺灣人只有 4 人錄取，除了我以外，基隆、竹山、高雄各有 1 人考取。

當時我改的日本名字是奧島憲一。學校寄來錄取通知時，也一併寄給我們到日本的各項費用，從離開家門算起，包括

車票、船票，連膳食費等都計算在內，多少錢現在忘了。

那年我才 17 歲，就這樣獨自一人搭船，由基隆港出發。為了防止途中遭到攻擊，我們搭的軍艦甲板上載的是香蕉，作為偽裝，船艙底下才提供我們住宿。沿途並有好幾隻軍艦護航，而且是沿著中國邊境繞道而行，總共航行 11 天才抵達。

我們是在橫濱登陸。你想想看，17 歲的鄉下孩子，你把他帶到臺北就不知該何去何從了，何況是到日本？我們臺灣人講國語(註2)和他們腔調又不同，上陸後還要獨自一人邊走邊問，摸到學校實在不簡單。還好日本人很親切，尤其軍國時期看到軍校學生，人民很敬仰，我先到東京找一位朋友，問路時碰到的那個日本人怕我初來找不到，自己買票帶我到朋友家，這一點臺灣人比較做不到。

幾天後我告別朋友，憑著事前準備的一張學校名片，獨自前去報到。

少年兵學校的學制原本是 3 年，第 1 年是普通教育及野外訓練，第 2 年依測試結果分為駕駛、機械及通信 3 科。到了第 15 期為了因應戰爭的需要，修業年限縮短為兩年半。

我們在第一年訓練時就分給一人一把槍及一把短刀，但還是學生身分，所以沒有軍階。但第一年結束後我們就取得軍人基本條件的卒業證書。

第二年起我們移到埼玉縣的空軍學校就讀，授上等兵軍階，這時已經是正式軍人，有軍人身分，也領軍餉。我是被分科到機械科，其中又因機種不同再細分，例如有戰鬥機、運送機、轟炸機等，我分配到轟炸機的機械手（機械員）。因為轟炸機的構造及性能的關係，每台都要配備含正副駕駛、

機械員、測試員、通信
員、機關槍手……等，共
有十餘人。

　　我現在拿的這張畢業
證書是假的，眞的已經燒
掉了。因爲日本無條件投
降時我已在山口縣小月飛
機場服役，當入伍新兵班
長。軍校聽到天皇的玉音
放送後，怕將來被當作戰
犯審判，下令所有文書全
燒光。

　　這張是戰後不久我到
日本時，在東京神社前，
碰到一位軍校同期不同班
的日本人同學在黑市做買
賣，兼賣各種空白的畢業
證書，需要的人買回去自
己塡上姓名。我那個同學
看到我很高興，特別送
我的，還幫我塡上中文姓
名。這也是讓我感動的日
本精神，他就送我，否則
我也沒有這張證件。

林才壽創立的「臺灣二二八事件遇難先烈恭祭協
會」內部陳設，背景是少年飛行學校相關資料照
片。

戰後同學贈送的畢業證書。

捧飯要高於鼻子

剛剛提到畢業後我被分發到山口縣小月機場時，只剩一個保護附近地區的防衛隊而已，因為飛機生產的速度趕不上被打下來的隻數，根本不夠用。機場裡只剩下一些老舊的飛機丟在那裡沒人修理，我們的工作就是把它撿來修。新兵也是臨時調的一些老弱兵，調來擔任修理兵員。

我的官階是兵長，在伍長之下。新兵年紀最大的有4、50歲。因為日本軍紀很嚴，日本人認為，新兵進來一定要打才會勇敢，在軍隊裡，班長就是部隊神，所有入伍新兵對班長都要絕對服從，三餐都由班員送到班長室，先高喊報告，捧飯要高於鼻子，恭恭敬敬的送進來，這就是日本軍人的精神。

我一生中最搖擺（神氣）就是這個時期，你想想看，我們從小只看到日本人打臺灣人，臺灣人只有恭敬受命，臺灣人能打日本人的，真的沒有幾個。我是臺灣人開始可以讀東京少年飛行學校的第一期，又因日本漸漸敗戰且兵員不足，兩年半就提早畢業，才有機會帶日本的新兵。小時候看著穿馬靴的日本軍人羨慕萬分，現在自己也能穿軍靴帶日本兵，還能公然打日本人。雖然我是部隊裡年紀最輕的，那些新兵也不敢反抗，回想起來，只能說是時也命也。

這期間有一個插曲。有一天，部隊有活動需要加菜，大家忙進忙出。雖然如此，服裝還是要照規定穿戴整齊，我卻看到一個炊事兵走出廚房拿東西時沒有戴帽子，也沒穿外衣。我喝令他過來，劈頭就打他一個耳光。

因為那人原本就是地方流氓，在軍中不好管教，才會安排去當炊事兵。想不到他立刻回打我一個耳光，我看他滿臉怒容，人又比我高大，一下子楞住了，不知如何是好。

人事官教的一堂課

剛好部隊裡的人事官在旁邊看到了，他立刻把我們隔開，說：「班長，請跟我來。」

離開現場他才對我說，當上司的在管理部下時，要看情況，對方是炊事兵，原本就是不好管的才派去當炊事兵，剛好又忙，這種情況就要斟酌行事。現在是在國內，如果是在戰場上人人有槍，還有衝鋒短刀，你指揮官是站在最前面，如果他不服從，反而從後面對你開槍，沒有人能證明你是被他殺的，你死也是白死。

這是人事官教我的一課。

不久，降服當天，天皇講話時，大家都跪下來聽，但聲音很模糊，聽不清楚，只聽到聲音而已，後來才知道日本宣布投降了。

日本人很守規矩，即使宣布投降，軍隊裡還是聽命行事。但我開始煩惱起來，心想那個炊事兵一定會報復，我隻身在日本，他又是流氓，我越想越擔心，第二天趕緊去找那個炊事兵，向他說明事情已經過去，也向他道歉。想不到炊事兵回答說：「班長，你為日本效勞，在這裡認真帶兵，這是很了不起的事，我被你打卻回手，我事後檢討，自覺不該。這件事請不用放在心上。」

　　這真是日本人和中國人最大的不同。踏出營房是地方黑
社會首領的人，他不但不記仇，而且坦誠、是非分明，這一
點我們臺灣人跟不上。

　　接下來部隊準備移交，先清點物品，造冊後由上級軍官
移交給前來接收的美軍。全員解散時多發一些薪俸算是資遣
費，各自的衣褲各人帶走，消費品如食物軍毯也可以帶走，
其他如自行車、零件等很多，全都造冊移交，連一台腳踏車
都不能私自帶走，武器也全部留下。

　　部隊解散後，我一時之間無處去，人事官住在九州，帶
我到他家暫住。終戰之初還是物資管制，一切都要配給，大
家生活都很困難，他說他家還算過得去，多我一人不算什麼，
我也就在他家住了一陣子。

　　剛開始日本在海外的軍人還沒遣送回國，一切還沒復原，
日本國內女多於男，人事官家住海邊，每天沒事跳到海邊就
可以游泳，人事官有兩個妹妹，日本習俗女性替男性擦背很
平常，兩個妹妹爭相要為我擦背，我嚇壞了。

　　因為不知何時可以回國，等待期間人事官家隔壁就是一
所發電廠，他拜託電廠給我一個工作，還提供宿舍。結果，
女孩子一堆，生活必需品如手帕、牙刷、牙粉、肥皂等，都
有女人爭相送來，我躲都無處躲。

　　總計從 8 月 15 日終戰後，我多留了 4 個多月，1946 年元
月 10 日，我從佐世保離開日本，搭船返回基隆。

人生最重大的災難

回來後我先去報考國小代用教員（即代課教員），在溪湖國小任教半年後，因為故鄉新水國小缺教員，地方人士特地把我找回去，意想不到的是，才回去一個月，就碰到我人生中最重大的災難——二二八事件。

就我在溪湖地區的觀察，二二八事件發生的消息一傳到溪湖，治安即失守，原因之一，是人民對警察和鎮公所長期累積的不滿所致。

日本警察的凶狠是有名的，百姓有什麼被認為是違警的事情，先打再說，不認罪，就灌水、刑求，被刑求者或是周遭的親友相關人等，心中當然積怨難平。

至於公所就更多了。尤其是戰爭期間，包括找軍伕、選壯丁，甚至日中戰爭期間到中國當軍伕，或是擔任通譯，都是由公所（日治時為溪湖庄役場，1938年升格為溪湖街役場）透過保正（里長），依家戶人口數指定須徵召若干人，也就是說調兵的權限都由公所和里長掌控，而被調到海外陣亡的為數不少，僥倖回來的，心中也有所不平。

物資管制期間，農民種植作物，都要遵照規定種植，而且不能私藏，譬如指定種稻，或是種植洋蔴等，全要提供出來，自己種稻子卻沒米吃；洋蔴要提供政府榨油之用；連自己養的豬也不能自己殺來吃。公所經常帶隊指揮壯丁團逐戶翻找，拿著長長的竹刺，在農家的稻草堆亂刺，人民敢怒不敢言。這些怒氣在戰後迅速累積。

另外一個原因是，接收的國軍教育水平不好。起先民眾

爲他們找理由，認爲經過 8 年抗戰，兵仔沒有機會好好受教育，固然可以理解，但隨之而來的是，這些軍人仗著子彈欺壓百姓，導致臺灣人中比他們受到更好教育的人找不到工作，那些學歷較低的官員來了也就罷了，還率親引戚，一個個位居要津；加上物價上漲等因素，所有的不滿，在二二八事變中，短短三、四天之內就暴發爲全島性的反抗運動。

擔任自衛隊長

溪湖原本是很樸實的鄉間小鎮，全鎮才幾支電話，收音機也很少，但消息迅速傳開。到了 3 月 2 日，公所的職員和警察局的警察，因爲怕被報復，全跑光了，很多外省人跑到溪湖一位地方名望人士，人稱「土地公」的楊世祈先生家中躲起來，地方主要行政機關唱空城。

看到這種情況，溪湖出身的縣參議員陳萬福先生，和他的妻舅楊春木兩人爲維護地方治安，決定組織青年自衛隊。因爲兩人的家境都不錯，原本就是地方的仁慈家，加上楊春木當時任職農會，而農會存有很多稻穀，爲防止存糧被搶，也爲免引發更大的暴亂，陳萬福決定挺身而出。

我那時已經回去埔鹽教書，但命運的作弄，就在 3 月 2 日那天，我一位竹山的同學跑到天盛村找我，當夜留宿在我家。第 2 天我陪他走路到溪湖搭糖廠五分車到員林，送他回竹山後我又回到溪湖，看到鎮上三五成群議論紛紛，人心很浮躁的樣子，我基於好奇，很自然的走過去看。

就在那裡，陳萬福組的自衛隊已經募集了 1、20 人，正

在愁找不到隊長，剛好有人認得我，知道我在日本從軍回來，就把我介紹給陳萬福先生。蒙他看得起，他說，因為其他自衛隊員雖然有的是從日本或中國參戰回來，但都只是被指揮者，只有我在日本帶過兵，一定要我擔任隊長，還借我一支短槍，希望我好好做，負起保護家鄉的工作。

既然參議員如此看得起，我只有敬謹受命，希望努力做好自己的角色。

因為自衛隊成立的初衷就是在保護米糧，楊春木提供農會信用部二樓作為我們的部隊總部兼住所，還找一位婦女來為我們煮三餐。

到糖廠借槍

萬事俱備，只欠武器。有隊員提議到糖廠去借。

臺灣的製糖業原本就是很重要的產業，當時全臺灣的財政，有百分之七、八十是靠臺糖公司的盈收支撐的，因此，溪湖糖廠各項設施完善，也有自己的保警隊。只是，這時候保警也躲起來，武器交由會計課長陳任癸保管。

我們自衛隊裡有一位留日回來的大學畢業生楊永模先生，比我年長，學歷家境都比我好，他是和楊春木先生鄰居又同姓，父親楊發先生在國姓鄉做紅糖工廠，他自備一把武士刀，自動來參加，並自願當參謀。

我們隊伍整齊的開到糖廠，我和楊永模兩人一個帶短槍，一個帶長刀，代表全隊上樓和陳任癸課長借槍。課長說槍是國家的，他只是代管，不能借，何況剛剛也有另一批人要來

借槍,他也拒絕了。

　　我說現在外面這麼亂,警察和公所的職員都跑光了,萬一溪湖地區亂起來,你糖廠也保不住。你我都是公務員,我們自衛隊成立的目的就是要維護地方的治安,集合大家的力量一起來保護。我可以寫借據,算是向你借用,日後如果有責任問題,你可以說是被我們逼的。

　　課長看我們長刀短槍都亮出來了,他不過是一個文職人員,只好帶我們去取槍。我們又請他借一台「黑頭仔車」(註3),課長說黑頭仔車出借與否是廠長的權限,他只能借我們一台卡車,我們附帶要求提供一名司機,結果司機黃四淼自願隨車維護,並成為自衛隊的一員。就這樣我們成為一個有組織、有武器、有部隊的完整自衛隊。

　　這些都是 3 月 3 日發生的事。

　　同一天,還在臺中農學院就讀的學生吳榮興(註4)回到溪湖,傳回來一些臺中的消息,吳榮興並去找陳萬福,告訴他臺中的青年及地方有志者現在紛紛起來,正要開始組織隊伍,謝雪紅(註5)也號召中部各鄉鎮的青年,於 3 月 4 日在臺中市民館(註6)開會。因為那時還是大臺中縣,陳萬福是臺中縣的參議員,他說:「我們既然成立自衛隊,那裡有需要,我們都要去幫忙,臺中也是咱的縣,你們就去吧。」

謝雪紅交付任務

　　我受過軍事教育,知道部隊在行進中可能會遇到什麼情況,尤其從溪湖到臺中有一段距離,我預料中途必經的大肚

159

山上會有駐軍，居高臨下，對我們不利，我下令把槍枝及子彈放在最下面，上頭蓋稻草，隊員一律戴斗笠，偽裝成農民。結果一路順利，大肚山也沒看到守軍。

我們到達市民館時，別的鄉鎮已經陸續有隊伍到了，印象最深刻的有苗栗的客家隊，以及原住民的高砂隊。客家隊很團結，高砂隊體格很壯碩，尤其高砂隊在戰爭期間屢建奇功，是很勇猛的隊伍。臺中女子學校的學生也出來捏飯團，準備與會人士的午餐。

起先會場很亂，人員進進出出，幾乎無法開會。謝雪紅看我們有武器，交代我負責派人在各出入口維持秩序，會議才得以進行，當天好像討論訂定一些綱要等，因為我只負責我的任務，詳情不得而知。

會後，謝雪紅特別把我叫過去感謝我們的幫忙，她鼓勵我說：「年紀輕輕可以圓滿完成任務，了不起。」也欣羨我們有武器，她說，在這個亂世，如果沒有武器，空有熱情也沒有用。接著，她說，聽說臺中機場接收了一批日本人留下來的武器，拜託我們去商借。

這下問題大了，因為外面已經相當混亂，聽說警察局等各單位的槍都被散民搶光。我先找隊友商量，楊永模說，這個任務很危險，如果決定去商借，就要懷著不成功便成仁的決心。討論的結果，大家同意接受這個挑戰。

行前，我再度集結隊員講話，要求全程都要聽從我的指揮，大家生同生，死同死。我下令，仍然偽裝前往，並要求司機在抵達機場大門時車子慢行但勿熄火，等衛兵前來盤查時，車輛保持慢行，待通過衛兵崗哨後立刻加速，讓衛兵措

手不及，只要進得去，衛兵就不能朝內開槍，我們才有機會
進去商借。

我們果然成功闖進了營地，並押著營內兵員去找隊長。
那位外省隊長正在講電話，楊永模以武士刀割斷電話線，我
因為考過代用教員略通中國話，告訴他我們的來意，同樣的
說法，我們是來商借武器，大家一起來維持臺中市的治安，
我會寫借據給他，等平靜以後再奉還。

部隊長一方面被我們短槍長刀的架勢嚇到，一方面也同
意我的說法，不但答應出借，還帶我們到軍械庫去搬，並借
給我們一台軍用卡車、長槍、子彈，及未開封的手榴彈等裝
滿一卡車，先搬完再清點。

每戶貧戶發兩斗米糧

臨走時部隊長額外送我們一個大禮，他說他很佩服我們
的精神，他們倉庫裡日本人留下來的戰備軍糧還很多，存米
都快長蟲了，一時之間也吃不完，還有一些牛肉及魚罐頭等，
可以撥一些送給我們。我們以先前糖廠借來的卡車裝載，搬
了整整一卡車。

就這樣，回來時又多了一台卡車，因為我在日軍軍中懂
飛機的機械維修等原理，也曾開過飛機，這台卡車就由我權
充司機開回來。

我們把武器送回市民館，除了留下約兩、三箱的手榴彈
之外，全數交給謝雪紅指定的林姓學生隊長。謝雪紅很高興，
又交付我們另一項任務，她說，臺中公園旁邊有 3 棟軍用倉

庫，裡面存放一些服裝等軍用品，因爲無人看管，民眾會去偷，請我們去協助看管，我找我們的隊員指導學生隊維持秩序，一直忙到黃昏後才回溪湖，臨走前學生隊拜託我們第二天再到臺中，協助他們在市區分傳單。總共我們就去了兩次臺中。這些學生隊隊員多數是臺中農學院的學生。

這次的臺中任務，我們多了一台軍用卡車及一些手榴彈，又載回一卡車的米及一些罐頭，罐頭因爲不多，只能留供自衛隊加菜之用。

那時米價已經很貴，但因爲我們自己隊伍的伙食，楊春木先生已安排很周全，我把由臺中帶回來的一卡車白米，經全體自衛隊員及楊永模參謀之同意，全數分給鄰近光華、光平、平和、太平、湖西等附近 5 個里的公所列冊貧戶，每戶 2 斗，讓里民來溪湖市區十字路旁領取，發完爲止。結果里民搶著領米，亂成一團，我爲了控制情勢，對空打了一槍，誠然所謂一聲槍響壓倒整村人，現場立刻恢復秩序，里民乖乖排隊，不敢再爭先恐後了。

總計從 3 月 3 日自衛隊成立，到 3 月 10 日自衛隊解散期間（註7），我只開了那一槍。而這一個多禮拜之間，我寸步不離工作崗位，因爲自感責任重大，不敢稍有疏失；處理米糧也一本公平的原則，個人堅持絕不拿一粒米，這樣才能服眾，才有辦法領導自衛隊。

到了 3 月 10 日，自衛隊已經形同解散，11 日就澈底瓦解了。那時我們向糖廠借的車子及槍械已經還回去了，向臺中機場借的軍車，及由臺中帶回溪湖自衛隊的手榴彈還來不及還，那天一大早，我一如往常，獨自開著軍車巡視鎮內，

車開到今員鹿路、彰水路口附近，被一個躲在綠籬後面的刑警抓到分局拘留。我是二二八事件溪湖頭一個被抓的人。

逃亡生涯的感觸

那天警察好像都跑出去應酬，只剩下一個擔任線民的臨時刑警看守，此人姓張，是埔心鄉瓦窯厝人，檳榔吃得很重，他為了受命看守我無法和他們去喝酒，似乎感到很不耐，不斷抱怨說為了我一個人，害他無法去接受人家請客吃飯。他說，你回去叫你家人拿印章來擔保，我就讓你回去，我說好，他果真放我出去。

我連夜跑回家，偷父親的印章回去蓋，但回到分局時已經空無一人，轉念一想，這麼一來一定會連累家人。我想到我如果好好留在家裡教書，每個月還有 70 元的俸給可以幫助家裡，而今都沒有了，我不能再連累全家人，因而決定逃亡。

那時還沒有身分證，也沒有被攔路臨檢的問題。說是逃亡，大多在溪湖附近。因為我雖然是頭號逃犯（陳萬福和楊春木後來也在家中被抓，陳萬福一度被判死刑，後來兩人均沒事。），溪湖人知道我是為了維護大家的安全，沒有人會去密告，反而每天有人提供一些消息給我，三餐也有人會供給，只有夜間我要自己躲起來，多數時間我都睡在番薯田裡，因為睡覺時把番薯葉拖過來蓋住身體，既安全又保暖。

為了確保生命安全，我一個 20 出頭的單身青年，也曾躲到墓穴；或到鹿港海埔親戚家，或到臺北找同學，搭火車時我特意和憲兵坐同一車廂，因為只要你不露出慌張的神色他

就不會起疑。

逃亡過程中，曾經近距離看到草尾蛇在青蛙後面準備獵食時，突然想到自己和青蛙似乎是一樣的命運而心生憐憫，把蛇撥開，讓青蛙得以逃生；也看過螳螂從蜻蜓背後慢慢爬近，然後用臂膀箝住蜻蜓，我趕緊弄走螳螂，救蜻蜓一命；也曾在海邊看到小魚蝦被浪沖上岸困在沙灘上回不去，忍不住用手把牠們撥回海中。有一次一條大魚也是這樣被我抓回海裡放生，那條魚臨走前，又游回海面來，浮出水面三、四次，彷彿感謝我給他逃生的機會……。

千萬別提謝雪紅

經過三個多月的逃亡生活，一方面因地方人士不斷陳情，情勢慢慢緩和下來，政府開始鼓勵自首，一方面也自覺逃下去不是辦法，和父親商量後，由父親陪同我到埔鹽鄉翁鄉長家，請鄉長帶我去分局自首。

在分局作筆錄時，我把經過一五一十告訴警察。警察作完筆錄後提醒我說，我看你老實，以後無論誰作筆錄，都不要再提到謝雪紅的名字。他說，他在我的筆錄上也沒有記載這一段。事後想起來，這個警察算是救了我一命。

溪湖問過筆錄之後，我被送往員林，再被送到臺中，由21師訊問，他們一直要我招出有沒有同夥，我說我才剛由日本回來不久，就擔任老師，對臺灣社會還相當陌生，我雖然當自衛隊長，也不認識隊員，不知道他們來自何處。在訊問過程中遭到刑求，最後被依內亂罪起訴，那時盜匪和內亂罪

一律要槍斃。

我們是被關在倉庫改裝的監牢裡，全都是因為二二八被捕的，關了好幾百人，很多人遭到刑求，有的被打得不成人形；有在手指上纏電線後導電讓你全身電得哇哇叫的；有拿針插入十根指頭的指甲內的；也有蓋上毛巾強灌肥皂水的……，很多人被打到半死才丟回監牢裡，丟回牢裡還算有半條命，有的人一去不回，可能家人都無處收屍。比較起來我算是沒有受到太大的折磨。

隨後我被送到臺南高分院開庭，雖然我始終強調我是為了維護地方的安寧，但法官說我以武力強索武器，就是叛亂，依舊判死刑，並送到臺南看守所囚禁。

依照看守所的慣例，重刑犯是不會被挑選為雜役的。但因我在看守所期間非常守規矩，每天不多話，坐姿端正，竟然被選為雜役。所謂雜役就是協助看守人員處理一些雜事，有時也會協助被告，把一些家人送來的食物分送他房被告等事情，雜役在牢裡算是最自由的囚犯。

看守所裡有一些因貪污案被羈押的外省人被告，他們因集體貪污而被抓，法律知識很豐富，為了感謝我平日對他們的幫助，教我怎麼去申請再審，但兩次申請都被駁回，依舊判死刑。

就在我第3次申請再審時，因為地方人士一再陳情，政策上也傾向從寬認定，開庭審理時，法官說看我年紀輕輕，也的確沒有叛亂的意圖，但因為已經關了我一年兩個月，就改判我妨害秩序，刑期一年兩個月，裁示當庭釋放。我突然獲知可以回家，真是百感交集，欣喜跪拜。

對歷史負責　對子孫交代

　　回來後當然不可能再回去教書了。不久，政府決定加強民防組訓，溪湖鎮公所找不到相關人才，鎮長楊長發先生知道我有帶兵的經驗，找我去擔任兵役課幹事，後轉任里幹事直到退休。

　　早年我家人、同事都不知道這些事，我也不想講。後來二二八事件不再是禁忌之後，彰化縣的一些檔案慢慢曝光，我才知道當年警察檔案裡竟然說我是「奸徒」「無惡不作」（註8），彰化縣文化局在作二二八口述歷史時也這麼寫，這要我怎麼對我的子孫交代？我請他們無論如何一定要改過來，他們也照做了。

因二二八事件名譽受損頒發之回復名譽證書。

　　歷史文件的東西一定要更正，否則我會永遠背負這個莫須有的罪名。

註1　濁水溪原流經彰化縣境內之東螺溪，由鹿港出海。明治 31 年（1898年）發生水災，濁水溪泛濫，經日本人整治，改流經目前之西螺溪，成為彰化與雲林的縣界。日本人把東螺溪沿岸整治成為河川新生地，引進很多日本移民，在地人稱為「移民仔庄」（詳 49 頁）。番薯庄正在東螺溪沿岸，此處濁水溪指東螺溪，又稱舊濁水溪。

註2　日本時代的「國語」指日本語。國民政府來臺後沿用，「國語」變成中國語。

註3　即轎車。當時公務車還很罕見，且多為黑色，人稱黑頭仔車。

註4　吳榮興後來擔任彰化縣縣長。二二八事件中因為他是學生，未被追究。臺中農學院即今之國立中興大學。

註5　謝雪紅（1901~1970），本名謝阿女，彰化人，幼時家貧失學，曾被賣為小妾，後逃家，並積極投入革命運動，日治時期曾加入臺灣文化協會，並為臺灣共產黨（日本共產黨臺灣民族支部）創始黨員之一，二二八事變中唯一堅持對國民政府採取武裝抗爭的「二七部隊」領導人。事變後先到香港後轉赴中國，曾任中國多項要職，是中共建國初期對臺政治的主要發言人。
　　早在 1951 年謝雪紅就提出：「處理臺灣問題須考慮到臺灣政治、經濟、文化等特殊環境，以中國民族主義來要求臺灣是不近人情的。」因而被批為「地方主義」，1957 年的「反右運動」中，被批鬥為右派；1966 年文化大革命發生後，66 至 69 年 4 年中被批鬥 7 次，1970 年因肺癌病逝於北京。

註6 市民館，即臺中縣參議會，當時係借用臺中市民權路，也就是 2010 年以前的臺中市政府部分廳舍。

註7 二二八事件發生後，各地方政府公務員及警察人員紛紛棄守崗位，情況與溪湖大同小異，從 3 月 2 日全臺各地紛紛成立「二二八事件處理委員會」，由地方士紳主動出面穩定局面，至 3 月 8 日蔣介石派兵抵臺鎮壓，期間共 7 天，史稱「七日民主」。

3 月 9 日是星期日，因國軍在基隆、臺北一路展開大屠殺，連記者都不敢出門，因此，9 日上午廣播電臺停播，10 日各報社均未出報。下午，臺灣省警備總司令部透過電台宣布三項布告：一、即日實施戒嚴令；二、取消所有非法團體；三、管制交通，未持警總通行證者，一律就地扣留。

10 日，蔣介石在南京的「中樞總理紀念週」會中指出，二二八的起因是「昔日被日本徵兵調往南洋一帶作戰之臺人，其中一部分為共產黨員……乘機煽惑，造成暴動」，並有種種無理要求及不法行動，「故中央已決定派軍隊赴臺維持當地治安。」蔣介石並呼籲：「臺省同胞勿為奸黨所利用，害國自害」，要自動的取消非法組織。

同日，臺灣省行政長官陳儀也利用廣播說，戒嚴是為了對付極少數的亂黨叛徒，說：「國軍移駐臺灣，完全為保護全省人民，絕無其他用意。」說處理委員會「跡近背叛祖國」，下令解散。

註8 檔案中林才壽之犯罪情形經過如下：「二二八事件發生時，乘機於 4 日在溪湖招募青年組織青年隊，自稱為隊長，指揮前往臺中市第三飛機場工廠接收卡車一台、手榴彈乙小箱（25 發），步槍 64 桿，又對溪湖糖廠接收 5 桿步槍。又到臺中市民館借用步槍貳桿等。煽動民眾募集同士往溪湖糖廠廠長王濟仁外 9 名所有財物全部或一部分劫燬，又毆打外省人等無惡不作。」說他是「溪湖主要份子暴動者」。

林才壽指出，通篇報告全係當時任溪湖派出所主管的謝四配，為了替自己邀功，胡亂呈報的。他指出其中的不實之處包括：

1. 手榴彈不只 25 發。
2. 步槍不只 64 桿。
3. 向溪湖糖廠借用的步槍不只 5 桿。
4. 臺中市民館根本沒有槍枝，何來向市民館借槍貳桿之說？
5. 二二八事件中除在 3 月 3 日到糖廠借武器之外，未曾到過糖廠，所謂毆打外省人的事他不會做，更沒有所謂劫燬財物等情事。
6. 二二八事件後林才壽到溪湖鎮公所擔任里幹事，糖廠所在地大竹里就是他的轄內，30 多年的里幹事任內均未曾他調，也都和歷屆糖廠廠長保持很好的關係。

彰化縣於 2010 年出版《彰化縣二二八事件口述歷史》。林才壽將他的訪談部分自費印製小冊子，外加中研院訪問他的部分也印製小冊子，他打算全溪湖鎮每戶各發放一本，讓鎮民不忘這段歷史。

為了出頭天，林才壽考上日本東京陸軍少年飛行兵學校，接受一連串嚴苛的訓練，並有機會帶兵，但沒想到這樣的經歷造成他在「二二八事件」中，痛苦的命運轉折。（飛行兵學校嚴苛的訓練照片，由林才壽的同學提供）

受訪者背景

受訪人：孫江淮
性別：男
出生年月：1907 年 8 月 20 日
訪問時間：2010/12/12
地點：善化孫宅
訪問人：陳婉真、賴哲顯、謝永田、楊仁伯

世居善化，出生於明治 40（1907）年，歷經 3 皇 6 總統（日本明治、大正、昭和 3 位天皇，及蔣介石、嚴家淦、蔣經國、李登輝、陳水扁、馬英九等 6 位總統），年逾百歲仍思緒清楚，耳聰目明，近年勤練書法，前不久還舉辦個人書法展。

孫先生本業為代書，並兼營若干生意。年輕時就喜愛旅遊、攝影、泡溫泉、看電影，和同年代的人相較之下，算是懂得生活享受的人。他早年還自設暗房沖洗底片，也因而保存許多珍貴照片。除捐給中央研究院外，也提供並協助善化地方人士收集在地老照片，編印了一本

《珍藏灣裡街百年影像——20世紀善化影像》照片集，是研究地方文史極為珍貴的資料。

他喜歡買書，無論是那一種書報雜誌他都看，並喜歡收藏古書古玩，還有整理書報雜誌的習慣。

2007年，他本著「私藏不如公開，傳家不如傳世」的理念，把個人畢生珍藏的許多重要文件照片資料，包括執業代書的所有檔案共35箱，全數捐給中央研究院臺灣史研究所，並由中研院為他作長達半年的口述歷史訪談，於2008年出版《代書筆、商人風——百歲人瑞孫江淮先生訪問紀錄》一書。

中研院臺史所表示，該所近20年來戮力於臺灣民間檔案的蒐集與典藏，近年來獲得許多個人及家屬捐贈的資料文物，其中以孫先生捐贈的文書35箱，照片1700餘張，時間長達半世紀以上，最為重要。因此，除了出書之外，並特別舉辦「臺南善化百歲人瑞孫江淮檔案特藏展」。

在地人尊稱為「伯公」的孫江淮平日熱心公益，對地方文史工作尤其支持，他也捐贈許多個人珍藏的古董字畫給善化的慶安宮。他兒子孫及梯於1939年考上日本岩手醫專，戰後返臺行醫，有很長一段時間在善化開設孫外科診所，診所招牌是他包了一個5千元，當時可以買10甲土地的大紅包，請于右任寫的。孫及梯退休後到日本無醫村行醫，目前長住日本，孫汀淮有時會到日本和兒孫相聚。

孫江淮說，他家因為就在郵局對面，臺灣剛光復不久，郵局業務還沒有上軌道，有一次他建議善化郵局局長說，日本時代的郵局有「內容證明」的業務，也就是後來的「存證信函」，中華民國的郵局也可以辦這項業務，郵局採納了，並擴及全國，而且沿用迄今，讓郵局多賺了很多錢，那位局長還因此被記了兩大功並調升。

　　國民政府來的時候，我在戶口名簿上登記的年齡有誤，所以在戶籍上我今（2010）年是 120 歲，實際上我出生於明治 40 年（1907 年），正確的年齡是 104 歲。

　年逾百歲的人瑞孫江淮，書法功力仍然不減。

孫江淮的理念是「私藏不如公開，傳家不如傳世」，因此將畢生珍藏的文物照片資料全數捐給中央研究院臺灣史研究所，該所除出版專輯外，並為此舉辦特展。

1928 年（昭和 3 年）孫江淮（中）年輕時
黑狗兒的裝扮與友人同遊玉井。

孫江淮寫的「壽」字，將「才」融入筆畫中，顯現其生活美學：長壽要有才。

173

孫江淮捐給慶安宮的文物：陳子鏞攝於中國廈門鼓浪嶼。陳子鏞通稱陳仔博，俗稱「博舍」，家擁巨富，田園二千餘甲，名列鉅紳；1895 年馬關條約後臺灣民主國成立，巡撫唐景崧為大總統，幫辦臺灣防務欽差大臣劉永福，善化北仔店陳子鏞為台南籌防局長，募義勇軍千餘名，合官兵 4 千名，捐白銀 40 萬兩抵抗日軍；後來陳子鏞事敗，偕劉永福從安平故英商「爹利士」輪船潛逃廈門。

總督府賣鴉片

孫江淮提供日本北白川宮能久親王軍照，詳細說明請參閱 287 頁。

我出生時，日本人到臺灣不久，還保留很多從前的習俗，我小時候和父親一樣還留辮子，雖然日本人常常派人到家裡來勸導剪掉辮子（註1），但臺灣人認為做壞事才會被剪辮子，是很羞恥的事。我也因為這樣，一直拖到 9 歲才上公學校讀書，才不得不剪掉辮子。

日本人很注重教育的普及，雖然還不是強迫教育，但警察常會來做家庭訪問，鼓勵把小孩送到學校唸書，幾乎做到全民識字的程度，依我看約 98% 的就學率，不過，初中以上就沒那麼多的升學機會了。

我公學校畢業後，原本考上臺北工業學校電氣科，因父親生病，沒有去入學。

我擔任過保甲書記（註2），不久辭職，拜司法代書人廣瀨秀臣為師，學習當他的筆生和通譯，並開店做生意。

我的店有點類似今日的便利商店，主要客群是日本人，因為日本人到臺灣除了本薪之外還有加給，待遇很好，消費能力比臺灣人高。

　　店裡除了棺材以外什麼都賣，包括文具、罐頭、食品、藥品……。因爲是小賣（零售）店，多是現金交易，有些好的日本人顧客，也接受他們訂貨，前一天訂，第二天貨物點齊之後送到買主家裡，1個月結算一次的也有。

　　我也當過菸草小賣人組合的組合長。日本人一直要把臺灣建設成爲模範殖民地，因此，很多物品都實施專賣制度（註3），作爲總督府的重要收入來源，所以臺灣人很苦，要繳糖稅、鹽稅等，蔗農自己種甘蔗卻吃不到甘蔗，因爲都要交給（製糖）會社，臺灣人吃糖也比日本人貴。

　　又譬如鹽，鹽民曬鹽需要費7天的時間才能曬成鹽，這中間如果有一天下雨，就要從頭做起，專賣局向鹽民收購1公斤是1圓，賣價是2.5圓；曬鹽過程中警察在鹽埕看著，鹽民休想私藏一些帶回家。樟腦、菸酒等也都要抽重稅，鴉片更是厲害，吸食鴉片上癮的人一天抽的鴉片錢，若以1錢計算，就要4.4角，是工人做3天工的工資，有很長一段時期，「鴉片間」很多，有菸癮的人很辛苦，又不容易戒，後來因爲國際干涉，吸食的人慢慢變少，我所知道要戒鴉片是把一天份要吸的鴉片泡酒，先改爲用喝的，然後慢慢減量，最後才戒掉（註4）。

　　解除鴉片專賣是在日本人統治臺灣的最後1年。

　　日本政府在財政的管制上很有一套，像是1937年日中戰爭爆發，日本人立刻宣布自戰爭當天開始，所有物品不得漲價，而且，凡是和民生經濟相關的行業都由政府統籌管理，並開始採取配給制。

紅包文化是「禮數」

大東亞戰爭期間我參加過壯丁團、防衛團，以及皇民奉公會等。戰爭末期我兒子在日本讀書，差點被徵調去當志願兵。

當時徵志願兵主要是由皇民奉公會和警察合作執行，程序上先由學校寄一份家長同意書，由家長簽名同意後才會徵調。我因為參加皇民奉公會，知道這樣的程序，因此，收到兒子從日本寄來的同意書後，我和另一位有相同情況的好友兩人一起到臺中躲了1個月，讓兒子逃過兵役。

戰爭很殘忍，在大東亞戰爭中臺灣人犧牲很大，除了很多人被徵調當軍伕或當兵之外，我聽說日本投降後，有些在南洋戰場的臺灣軍伕被抓，並被當成日本人當場槍殺。

皇民化運動和皇民奉公會有點不同，皇民化運動是由警察領導，要求臺灣人改姓名、換神主牌、改拜日本神道天照大神等。改日本姓名後有一些優待，譬如考試加分，配給也會多一點。皇民奉公會是由街長（鎮長）兼任主席，主要參加者多為地方上較有地位的人，當時各州各郡都有皇民奉公會的成立，而且都是各自獨立，參加者不用繳交仟何費用，主要是在替日本政府做 些「皇民奉公」的事情，剛開始都是日本人參加，後來才有臺灣人加入。

有關於改日本姓名的事情，我有我自己的看法，我雖然是日本國民，我也自認是臺灣人，我堅持我的鄉土精神，因此不願改姓名。同樣的，我至今也都未曾入黨（註5）。

戰後中國兵來接收時，大家都很歡喜，認為臺灣人終於

可以脫離日本殖民統治，回歸祖國了。但是，看到第一批接收的軍隊，大家都呆住了，竟然還有挑著大鼎鍋子、穿草鞋的兵仔。曾經發生臺南電影院民眾電影看到一半，中國兵跑進去搜查，說要接收，把觀眾一個個搜身，找看看有沒有黃金，找不到值錢物品的，就用刀子劃你一刀，因為他們說搜不到東西就要見血，否則不吉利，也有因為搶東西，兵與兵之間互相殘殺的情況。

我們也是在中國兵來了之後，才知道有所謂的「紅包文化」，他們動不動就要紅包，說這是「禮數」。

我聽說來臺灣接收的官兵，原先是被派去接收滿洲受阻才轉過來的，素質很差，竟然連中尉隊長都不識字。

二二八猶如焦吧年

二二八發生時我正好被選為鎮民代表會主席，那時根本沒有候選人，就由選民自己選出來了。我在日治時期參與一些公眾的事，吃了很多虧。當時父親就交代我，不要去參與政治的事，我連戶長都不當了，竟然被選為鎮民代表會主席，我趕緊辭去，這中間剛好發生二二八事件。

我們善化這裡因為戰後接收糖廠的全部都是外省人，而且非常沒有常識，糖廠的糖是每包 100 公斤，那位姓沈的廠長竟然問糖一包幾兩！這讓臺灣人很不滿，因此，一聽說臺北發生事情，有些人就吆喝說要去接收糖廠，我想擋也擋不住。

我看他們其實只是嚷嚷而已，也不知道要接收什麼，後

來竟然連茱店（酒家、餐廳）小弟只是出來敲鑼吆喝的，也說他「意圖顛覆政府」，全部抓去關。也聽說有一些當兵回來的，或是師範學校畢業生，帶著長刀到嘉義去助陣。因為局勢無法擋，我只好離開善化，跑到外地去躲起來。

　　事後政府開始清查時，凡是參與者都沒命。一些地方上有志者為了維持治安，出面組自衛隊的，全都以煽惑內亂等罪被殺或被關。像湯德章律師，我因為職務上的關係認識他。他父親是日本人，母親是楠西人，為人很好，他也是出面維持治安的，卻被抓去槍殺，槍殺前還遊街示眾。

　　後來地方傳說臺南一位張番薯的有錢人，因為不忍看到這樣的殘殺，特地搭飛機去南京，向國民政府控訴來臺接收的六十二師橫行霸道，才導致人民起而反抗，過程猶如焦吧年事件（註6）的翻版。

　　談到四萬換一元，戰後初期是 3 元舊臺幣可以換銀元 1元，也就是 3:1，後來變成 1650 元才能換 1 元銀元；舊臺幣剛換成新臺幣時是 4 萬元換 1 元，那時 1 元新臺幣可以換美金 5 元，現在是 30 元新臺幣才能換 1 元美金，你去算算臺幣貶值的倍數簡直是天文數字！

　　不只如此，當時的統一信用組合（信用合作社）你如果去存定存，還要前扣後扣，只能拿 60% 的錢回來，扣的利息比地下錢莊還厲害。

　　物價漲到公教人員一個月的薪水買不到一斗米，有的人向我借錢的，乾脆就不還了。那時懂得囤積米糖的人就賺了不少。

三七五減租政策明顯違憲

我當代書時陸陸續續買賣一些土地。在三七五減租政策實施前，大約有 10 甲地，我和佃農談好以半價賣給他們，佃農不必出錢，只要以一年後的稻作收成所得抵給我就可以了。這樣，我雖然損失了一半，但比起其他地主，算是損失相對少的了。不過我還是有一些賣不掉的農地被徵收。

這個政策對許多臺灣人的影響非常大，大致上它的規定是地主的土地放領後，最多只能保有水田 3 甲，如果是旱田，不得超過 5 甲；若兼有水田和旱田，則各自不得超過一半，也就是水田不超過 1.5 甲，旱田不超過 2.5 甲。

放領時被徵收土地是以作物的收成換算的，實際上卻都是打 4 折計算，再乘上 375/1000，也就是土地實收產量 ×0.4×0.375，這樣算起來，地主若有 100 元價值的農地，換算起來只能領得 15 元；而這 15 元中 70%（10.5 元）發給 4 大公司的股票，另外的 30%（4.5 元）分 10 年發給實物債券，真正到地主手上已經所剩無幾，而那時的股票又不值錢，所以說這根本是一種形同搶人的政策。

尤其當時說三七五減租只限農地，都市土地不算在內，實際上負責執行的臺灣省主席陳誠卻全都計算在內，包括未開發農地及都市計畫內未興建的空地全部比照辦理，地主損失非常慘重。

而真正的大地主反而得利，因為大地主股票多，像臺灣水泥，只要集結 30 人就能成為董事，還可以配車。我所知道有一位大地主就這樣當上台泥的董事，當時台泥公司的水泥

市面價格是 1 包 45 元，特殊身分的人每包 20 元，他們就這樣賣水泥賺價差，董事還有 20% 的配股！

另外，我所知道某一位媒體人的父親，就在那時買了好幾甲林地而致富，彷彿變魔術一樣。

國民政府在中國就打算實施的土地改革政策，失敗了，反而在臺灣算是相當成功。但是在實際執行上仍有不少問題：許多地主和佃農之間的糾紛到現在已經傳到第三代，還是無法解決；很多佃農雖然有了土地卻不會管理，不久又把土地賣回去給地主；也有人以收買這些糾紛土地而賺了不少錢。

為了因應層出不窮的三七五耕地糾紛，各鄉鎮公所都設有三七五調解委員會，所有三七五租約土地都造冊，一般的鄉鎮調解委員會無權處理。最特別的是，三七五土地糾紛雖經調解，結果百分之百不成，地主仍不准收回農地，要再經過法院判決才能成立，這些都有明文規定，一切照規定嚴格執行，還要簽訂契約，契約規定佃農不能隨便放棄權利，如果違反，還有刑事責任。這些都是非常不合理，而且完全視地主的權益於不顧。真的是搶人的政策。（註7）

所以你會覺得日本時代生活雖然苦，但苦有一定的標準，苦也苦得有價值。

註1 日本人殖民臺灣之初，認為薙髮、纏足與鴉片是臺灣社會三大陋習。但初期只採漸進式勸導方式，至 1914 年各地紳商名流紛紛成立「風俗改良會」，並建議總督府以公權力介入，明令禁止纏足辮髮，1915 年 4 月，總督府乃通令各廳長，將禁止纏足及解纏事項附加在保甲規約中，若違反規約者，得科處百圓以下罰金，當年 6 月 17 日為最後期限。並作為「始政 20 周年紀念事業之一」。（詳國立臺灣師範大學歷史系吳文星教授「臺灣四百年的變遷」巡迴講座第 10 場：「近代臺灣的社會變遷」。）

註2 保甲就是今日的村里，當時設有保甲聯合事務所，類似今日的聯合村里辦公處，保甲書記等於是聯合辦公處的幹事，工作內容也有點類似今日的村里幹事。保甲書記還需配合警察，當通譯，巡邏時也要陪同。

註3 日本人領台之初，為了加強稅收，臺灣總督府於 1897 年公布「臺灣阿片令」，開始實施鴉片專賣，吸食鴉片者發給執照，並在戶口名簿上註記。1899 年增列鹽及樟腦專賣，1905 年實施煙草專賣，如此經過多次變革，至 1945 年的專賣項目包括：鹽、鹽滷、樟腦、菸草、酒、酒精、火柴、度量衡器及石油等。

註4 日本在國內嚴禁吸食鴉片，在臺灣卻以「漸進」之名實施專賣，維持鴉片專賣制度長達 48 年之久（1897~1945），所謂漸進是指以漸進方式逐漸禁絕。

實際上，由於鴉片收入是臺灣總督府的重要歲入來源，總督府不但從不認真禁絕，還有《臺灣通史》作者連橫為它背書，於 1930 年 3 月 20 日在「臺灣日日新報」上發表一篇《新阿片政策謳歌論》，指臺灣早期「瘴毒披猖」，因此，不得不吸食鴉片，「如俄羅斯人之飲火酒，南洋土人之食辣椒，以適合環境而保其命。故臺灣人之吸食阿片為勤勞也，非懶惰也；為進取也，非退守也。」連橫此文一出，臺灣輿論譁然，遭到包括林獻堂等人的唾棄，紛紛與他絕交，連橫不得已帶家人由臺灣遷移到中國。

註5 國民政府來臺不久，開始實施戒嚴令（自 1949 年 5 月 20 日起至 1987 年 7 月 15 日止，長達 39 年多），加上中國國民黨一黨獨大時

期，黨工以各種手段在各個階層廣招黨員，包括大學新生訓練、新兵入伍等，絕大多數人都難逃被吸納加入中國國民黨的命運。因此，沒有入黨的人少之又少。

註6 焦吧年事件（1915 年），日本官方稱為西來庵事件。是日治時期武裝抗日事件中規模最大、犧牲最慘重的一次事件。該次事件的領導人為余清芳，原欲結合南北多股勢力一起武裝抗日，遭日人查覺，仍攻打甲仙、南庄（今南化）及焦吧年（玉井）等地，遭日本大力掃蕩，死傷數萬人。由於犧牲太大，其後臺灣人的抗日轉為以知識份子為首的非武裝抗日活動。

註7 中華民國憲法第七條規定：「中華民國人民，無分男女、宗教、種族、階級、黨派，在法律上一律平等。」第十五條規定：「人民之生存權、工作權及財產權應予保障。」此處明顯違憲。

大法官會議為此曾陸續做出了 78 號、124 號、125 號、128 號、347 號、422 號、561 號、579 號、580 號、581 號等解釋。在釋字第 580 號中，並宣告 1983 年 12 月 23 日增訂之減租條例第十九條第三項規定：「耕地租約期滿時，出租人為擴大家庭農場經營規模、提升土地利用效率而收回耕地時，準用同條例第十七條第二項第三款之規定，應以終止租約當期土地公告現值扣除土地增值稅餘額後之三分之一補償承租人。」違憲，應於 2006 年 7 月 9 日失其效力。唯行政單位迄未實行。

受訪者背景

受訪人：梁啟祥

性別：男

出生年月：1929 年

訪問時間：2010/9/30

地點：高雄市戰爭與和平紀念公園主題館

訪問人：陳婉真

梁啟祥先生係彰化秀水鄉人，當過日本海軍工員替海軍製造武器；也當過中國兵到中國打內戰。戰爭末期局勢混亂，他因父親過世，經上海臺灣同鄉會的協助自行返臺。他應國民政府募兵令前去當兵，戰場上出生入死 3年多未領分文薪餉，回臺後軍方不聞不問，直到後來臺籍老兵出面爭取，起先軍方不予理會，還派警察舉牌，指他們行為違法，直到 90 年代末才象徵性的給予 20萬元的補償，並限定有財產者不能申請；他覺得人生的價值，心靈的修為與誠信是最重要的事。他說他不時期勉自己多做善事，以彌補過去在戰爭中殺人的遺憾。

被遺棄的臺籍國軍

　　我是彰化縣秀水鄉安東村人，原先住在埔姜崙（註1）。我在秀水國民學校畢業後就到彰化市半工半讀，兩年後參加考試，成為日本海軍工員。

　　海軍工員算是「軍屬」，我們負責製造武器，舉凡槍管、手榴彈、飛機上的炸彈夾等，我們都做。我做了兩年後，日本就戰敗了。

　　我們的海軍兵工廠，一切都是軍事化管理，非常嚴格。戰爭末期因為聯軍已經打到琉球，為躲避美軍轟炸，兵工廠一路搬遷：從小岡山搬到臺南；臺南被空襲，造成市區大火，連燒3天3夜，我們又搬到一家原先是製番茄醬的工廠；後來搬到臺北芝山岩的日本帝大預科大學，學生都被徵調當兵去了，學校空盪盪的，教室成了我們疏開的廠房。

　　海軍工員的待遇很好，每月有99圓的薪水，我父親當老師，月薪才二、三十圓而已。日本戰敗後我領了四、五百圓的遣散費，可以買好幾分田地。

國防部騙很大

　　戰後我因為找不到工作，聽說國民政府在徵兵；又聽說每戶3丁就要抽2丁；2丁要抽1丁。我家裡有3兄弟，我心想那我就趕快去當兵，以便先去先回，好照顧家庭。

　　國防部騙我們說當兵可以讀書，役期兩年，退伍後可獲得專科學歷，當然也可以學國語。哪知道是要去中國打共產黨，還差點客死他鄉。

　　我是在1946年7月入伍，是被半騙去的（註2），因為國

軍說待遇有多好，其實剛開始發的是法幣，每月 200 元，已經嚴重貶值；後來在戰場上出生入死的那幾年，情勢混亂，那裡還發什麼薪水？

我入伍時是到彰化中寮報到，在屏東檳榔腳停駐 5 個多月。起初部隊要我用「蔡金榮」這個名字，因為那時軍隊吃空缺（虛報軍糧軍餉）的情形很嚴重，到了臨上船前，才換回本名。1947 年 1 月 4 日部隊開拔到鳳山陸軍官校現址，1月 7 日從高雄港出發，12 日抵達上海。

40 年代常用語

軍屬（軍伕）：中日開戰後，在 1937 年 9 月到 1942 年 1月 16 日有軍伕與軍屬的動員，主要是為了中國戰線的日軍軍需物資補給工作，1937 年 9 月開始徵召臺灣人充當不具備正式軍人身分的軍屬與軍伕。第一批臺籍軍伕參加了上海的淞滬會戰。這批臺籍日本兵稱為「臺灣農業義勇團」，在上海附近開農場，種新鮮蔬菜。隨著戰局擴大，臺灣總督府又以各種名義招募臺籍軍屬、軍伕到中國戰線擔任物資運輸、占領區工農業建設等工作，包括：農業指導挺身團、臺灣特設勞務奉工團、臺灣特設勤勞團、臺灣特設建設團等。

中華民國三十四年十二月五日

陸軍第七十軍接收臺灣志願兵公告

一、本軍為辦理接收臺灣志願兵自即日起開始報名

二、凡志願為國軍服役而具備左列條件者均得接收為志願兵：
 1、確係中國臺灣籍或其他省籍而寄居臺灣者
 2、年在十七歲以上三十歲以下者
 3、身心健全而無不良嗜好或疾病者
 4、曾受過普通國民以上教育或曾受軍事訓練者
 5、思想純正確實信奉三民主義者，能提出確切保證者

三、接收之辦法如左：
 1、造具名冊
 2、舉行審查
 3、檢驗體格
 4、取具志願書及保證書

四、經審查不合格者不予接收

五、志願兵接收後與本國徵補之士兵受同等待遇其有殊堪訓練等程以能者得提升之

六、報名地點：一、本市〇湔町陸軍第七十軍收治事〇

七十軍接收台灣志願兵公告內容（陳列於高雄市戰爭與和平紀念公園主題館）。

　　你可曾聽說過自己的部隊要上前線，士兵竟然被「武裝解除」的？不僅武裝解除，所有人都被持槍監視，連上廁所也不例外。因為當初說好不派出省外，結果卻要到中國打內戰，上船後有人開始跳船，押解的人就開槍，死多少人不得而知，因為我們都被趕到船艙底下。

　　我原本有機會逃走的。原因是開航前兩天我奉派出差，就聽到這個消息，那時不回來就可以了，但我心想過去看看也好，就去了。

　　我們七十師（七十軍在 1946 年 7 月整編成七十師）人數約有 1 萬人，90% 都是臺灣人，尤以臺東縣籍最多。

　　船抵達上海之後，改搭火車到徐州，然後就行軍到魯西南一帶。我是隸屬於整編新五軍底下的七十五師，軍長就是很有名的邱清泉將軍，他後來在徐蚌會戰自殺而死。

　　我們幾乎整年都在打仗，因為國共內戰中，大部分的國軍都是被共軍追著跑的，只有我們的部隊是追著共軍跑，共軍跑到那裡，我們就打到那裡，所以有人說，新四軍（註3）是新五軍的指揮官，因為我們的行軍路線是跟著他們走的。

臺灣兵素質高

　　其實那時共軍的武器很差，每人只發給 1 支步槍及 2 個手榴彈而已，不過他們行動很快，而且得民心。國民黨軍武器比他們好很多，但軍紀渙散，作戰能力很差，每到一地都沒有做好防禦措施，半夜就被共軍繳械了。

　　我目睹很多班長，有的兵被打死了，或是被俘了，他就

逃回部隊，又到後方補充新兵。經常就是這樣到前線 1 天後就往後方跑，跑 1 次就升 1 次官，這那是作戰，簡直就是在遊覽嘛。

因爲我們臺灣兵的素質比較好，我又曾當過日本海軍工員，在部隊裡很受歡迎。我在魯西南戰役中擔任炮手。兩軍交戰時炮手原本應該是在後面的，我們的打法不同，你可曾聽過把炮拿到城牆上去打的？我們就是這樣，就直接把好幾百公斤重的野炮(註4)，平時要好幾匹馬拖的，我們用十幾個人硬是推上城牆，對準城下的共軍轟；對方當然也把我們當作首要目標，所以戰爭很激烈，每次戰役死傷都很慘重。

我們打的是子母彈，炮彈一打出去就分散成 272 顆小炮彈。打這種炮很危險，須要技術。在濟寧的時候就有很多弟兄陣亡，連長也受傷了。

後來因爲那門炮作戰太久有些損傷，由我送到徐州維修，途中看到青年軍 202 師在招兵，聽說他們整編之後要來臺灣，我就去投靠青年軍。

那時全國兵慌馬亂，軍隊各自爲政，到處都看得到當街「抓扶」，所以我去參加青年軍他們很歡迎，因爲我有作戰經驗。他們還送我到南京受訓。

那是 1948 年，徐蚌會戰以前的事，所以我沒有參加徐蚌會戰。

1949 年我們在南京時，接到家裡來信說父親過世。那時部隊很亂，請假也不被批准，我只好在 10 月 10 日校閱後，自行設法回臺灣。我先坐火車到上海，由臺灣同鄉會發給一張證明，憑證明搭船回來。

辦完喪事後，那時家裡已經搬到高雄，1949年年底我到高雄的區隊部報到，他們叫我等，卻一直沒有消息。我只得去當臨時工，後來應徵到前金區公所上班，也曾擔任里幹事。

芋仔番薯不一樣

二二八事變時我在徐州。聽說臺灣發生事情，同袍說可能會派我們這些臺灣兵回去，我說不可能，他怎麼敢派臺灣兵回去鎮壓？他連自己的人民都不敢信任！你看日本兵出征時親友高高興興的歡送；國民政府的時代人民是被押被騙去當兵。

政府在1997年通過讓我們每人領20萬元補償金。可是我第一次去申請時，他們說我名下有財產，不符請領標準，我在2005年把所有財產賣掉，才得以請領這20萬元的撫慰金（註5）。政府總是對臺灣人特別刻薄。

合計	七期間補償費一八萬元　另每人平均發給服一八萬元
4300人	20
2176人	29

國防部核發台籍國軍、作戰被俘、特區被難人員各項給與統計表　資料時間：91年4月　日

區分	台籍國軍				作戰被俘歸來人員
	早期返台人員	滯留大陸亡故人員	徵僱用漁船民伕	滯留大陸返台人員	
分給與內涵	撫慰金20萬元	撫慰金80萬元	撫慰金80萬元	(一)撫慰金80萬元 (二)慰問金5萬元	一、慰問金50萬元 二、戰士授田補償金40萬元 三、其他現金給與補償金 四、一次退伍金（按階級年資發給） 五、勳獎章獎金（按階級） 六、軍保給付（按階級年資發給） 七、傷殘撫卹金（按殘等發給）
預估人數	410人	800人	15人	775人	300人
			2000人		
已領人數	378人	682人	12人	617人	191人
			1689人		
備考	涵蓋負傷成殘、不願投共、冒險突圍，以及戰到最後隨政府撤退返台者。	依「陸海空軍軍官士官服役條例」發給退除給與，其中領取一次總金，最低五〇萬元，最高二三萬元。	依「台灣地區光復初期隨國軍赴大陸地區作戰人員撫慰金發辦法」，發給新台幣最高85萬元，最低20萬元，亡故者由在台親屬領取。		依「陸海空軍軍官士官服役條例」發給一次總結

（左欄：三、其他現金給與補償金　二、戰士授田補償金20萬元　一、慰問金5萬元）

正式召募的國軍，不如臨時徵僱用的民伕！ 國民政府剛接收臺灣時，在中國拉伕還打不過共產黨，又到臺灣募兵去打內戰，而這批為國民政府在中國土地上效命的臺灣兵，大多數戰死沙場，有的被共產黨俘虜成為解放軍，還有人被共產黨派去參加韓戰，成為國民黨宣傳的「1萬4千個證人」中的一些人；僥倖回到臺灣的竟然被視為逃兵，經過一些人的努力，甚至許昭榮因而犧牲生命，換來的是每個人給予20萬的補償金，而且還必須是符合低收入戶資格的才能領取。

　　你看我們一般通稱的老芋仔，幾乎有一半以上都只是挑夫，是在行軍中幫部隊挑裝備行李的，根本不是兵，但是撤退到臺灣以後，都變成軍人，享受所有軍人的待遇。倒是我們響應政府募兵的號召，在戰場上出生入死，回來後得到的卻是這樣的回報。

　　談到四萬換一元，我在區公所的月薪是 75 元金圓券（註6）。起初 1 錢黃金的價格是 36 元金圓券，後來變成 1 塊錢金圓券只能買 1 顆糖。當時全國各地都很亂，我聽說蘇州還發生娘子軍偷拔菜的事情。而我們臺灣也是 1 包香菸早上 1 元，到了下午變 8 元，不只一日三市，簡直是一日八市。那時父親還在學校教書，3、4 個月領不到薪水。

註1　兩者均為秀水鄉地名，兩處相距不遠。

註2　陸軍七十軍政治部於 1945 年 12 月 4 日刊登於「民報」上一則「招收志願兵告臺灣同胞書」中說，該部奉令招收志願兵，凡屬臺籍，或原中國籍而寄居臺灣，年在 17 歲以上，30 歲以下的青年均可參加。並說，入營以後，與現在的國軍享受同樣的待遇。
　　又，1946 年 1 月 4 日「臺灣新生報」報導岡山駐軍招募志願兵情形中說：岡山 95 師 283 團 2 營政治指導員黃希堯上尉，1945 年 12 月 31 日在岡山共樂館召開街民大會中公開招募志願兵，保證本省人之志願者，絕對不派遣出省外；待遇為每月給白米 45 斤、薪俸 120 元、津貼 100 元、伙食費 300 元。

註3　1937 年中日戰爭爆發，根據中國國民黨與共產黨達成停止內戰全面抗日的協議，留在南方 8 省未參與「長征」的紅軍和游擊隊整編為「國民革命軍陸軍新編第四軍」，簡稱新四軍。

註4　據梁先生表示，整編七十師所使用的武器均係接收日人移交的戰利品，野炮是明治 38 年（1905 年）製造的，當年所使用的原料均為鐵器，連輪子都是鐵製的，更增加野炮的重量。

註5　國防部於 1997 年 4 月 16 日公布「臺灣地區光復初期隨國軍赴大陸地區作戰人員撫慰金發放辦法」，其中規定，所謂早期返臺人員涵蓋負傷成殘、不願投共、冒險突圍，以及戰到最後隨政府撤退返臺者，發放之撫慰金為 20 萬元。辦法中並沒有規定須為低收入戶或中低收入戶，但梁啟祥親身經歷是有財產者不符申請要件而被拒。

又，根據國防部提供一份 2002 年 4 月間製作的「國防部核發臺籍國軍、作戰被俘、特區被難人員各項給與統計表」，其中區分為（1）「臺籍國軍」、（2）「作戰被俘歸來人員」、（3）「特區工作被難人員」3 類。除了臺籍國軍是以慰問性質辦理之外，後二者均依「陸海空軍軍官士官服役條例」發給退除給予，並發給戰士授田補償金、退休俸或退伍金、軍保給付、勛獎章獎金……等。臺籍國軍發給之最高額為 85 萬元（僅限滯留大陸返臺人員）；作戰被俘人員最高 233 萬元；特區被難人員為 835 萬元。差別明顯不同。

更令人難以理解的是，在統計表中，所謂「臺籍國軍」中還有一種是「徵僱用漁船民伕」，發給額度是撫慰金 80 萬元，果真是正式召募的國軍還不如臨時徵僱用的民伕！

註6　金圓券是中華民國政府於 1948 年 8 月至 1949 年 7 月發行，在中國流通的貨幣，蔣介石為因應長期內戰導致的惡性通貨膨脹，以行政手段禁止私人持有黃金、白銀、銀幣、外匯等，限期兌換成金圓券（黃金 1 兩兌金圓券 2 百元、白銀 1 兩兌金圓券 3 元、銀幣 1 元兌金圓券 2 元、外幣 1 美元兌金圓券 4 元。），卻因政府持續不斷印鈔票，導致金圓券形同廢紙，新疆銀行曾發行過單張面額 60 億元的紙鈔，國民政府雖因而搜得大批黃金白銀，卻因喪失民心，終至退守臺灣。當時臺灣也曾受到波及，唯梁先生事後更正，他在公所任職時，金圓券已停止發行，薪水是領新臺幣。

聘金一千萬

受訪者背景

受訪人：陳松江

性別：男

出生年月：1922 年 2 月 6 日

訪問時間：2010/12/2

地點：水里陳宅

訪問人：陳婉真、陳志成、白權

彰化田中人，1942 年響應日本政府號召，赴新加坡從軍當「軍屬」，日本戰敗後在新加坡當了 9 個月的戰俘，1946 年返回臺灣。

由於在軍隊中服務於醫務科，具有實際醫療經驗，戰後醫事人員缺乏，他靠自己的努力通過多次講習、甄試等，取得醫師證書，40 歲在車籠埔訓練後，受命為中華民國軍官，曾和蔣介石合照，對這張合照他很珍惜，所以廣義的說，他算是當過日本及中國兩個國家的軍人。

陳松江說，他是苦學而取得各種證書，至今仍保有臺灣省醫事人員甄訓考試委員會的准考證、國防部地方醫事人員衛生勤務講習證書，及陸軍軍醫第 7605B 號證書……，總共十幾種證書，並於南投縣水里鄉開業，行醫 57 年，到 2007 年退休。

陳先生得過醫療奉獻獎。他的得獎感言是：「時時勉勵自己要做一個良醫，而不是做名醫。」他說，能得到這個獎，太太的功勞不小，可惜太太已經過世，讓他感慨不已。

訪問過後不久，他的身體狀況時好時壞，不幸於 2011 年 6 月 4 日過世。他是前中國時報記者陳志成的尊翁，陳志成說這個訪問是爸爸生前最後一件讓他非常快樂的事。

　　我在昭和 17 年（1942 年）去當兵，21 年從新加坡回台。當時已經從國民學校畢業好幾年，日本政府開始徵兵時，因為我們受的教育就是要有愛國精神，所以志願去服役。

　　我們是殖民地人民，只能當「軍屬」。「軍屬」同樣也是在軍隊裡，不同的是我們只是在軍隊裡服務的人，沒有兵籍。

日本軍人的天堂

　　我從田中火車站搭火車到高雄，住了幾天旅社，接著就搭貨運船到新加坡。船駛向大海，看不見臺灣島時，很多人忍不住都哭了，因為不知此去前途如何，能否回來。

入伍前全家合影。

　　我們是到新加坡之後才開始受訓，接著配發到各所屬工作單位。我服務的單位是馬來西亞派遣岡第 10356 部隊。我在衛生部工作。

　　新加坡原本是英國殖民地，人口以福建及廣東的華人移民最多，也有馬來人、印度人。

　　日本人占領新加坡之後，英國人全部被俘虜；日本戰敗後，俘虜營裡英國人出來，換我們進去。戰爭就是這樣。

　　日本占領新加坡的事當年很轟動(註1)。因為新加坡的水都由馬來西亞提供，日本人攻下馬來西亞之後，從柔佛海峽方面，切斷飲用水的管道以及來往通路，新加坡就投降了。

　　新加坡是軍事設施很好的地方。各項建設也比臺灣還進步，當時臺灣還沒有自動電話，新加坡就已經全面使用自動電話了，還有自來瓦斯。

・**陳志成（以下簡稱成）、陳松江（以下簡稱江）**

成： 新加坡是戰爭期間日本軍人的天堂。那時臺灣還幾乎沒見過浴室用蓮蓬頭的，新加坡已經很普遍了。

江： 對，比臺灣進步。

成： 有電車。

江： 也有電車，但它的電車沒有鐵軌，是市內短程交通之用，跑不快，大多數是印度人當司機。在那裡當兵很不錯。我去時已經沒有戰爭，只是維持治安而已。後來日本宣布投降，它也跟著投降，也沒有戰爭。
　　我當軍屬的薪水不少，約二十多圓，是由臺灣的家人領的，確實數目忘記了。在新加坡的服役單位也會發給我們一些零用錢。臺灣兵約有上千人。臺灣人也有一些是

去做生意的。

戰後接收新加坡的是英軍。他們起初害怕日本人會有強烈反抗不敢進來，因此，先聯絡日方的軍官，請他們帶路。

投降後我們在戰俘營是和朝鮮人集中在一處，約有好幾千人。俘虜營很大，我們並沒有被關，也沒有強迫我們工作，我們只是在等候回來前，在那個範圍裡自由活動，並沒有被虐待。

日本人另外分開關。日本戰俘的情形我不清楚。

征服昭南島

我在那裡和華僑感情很好。

（出示地圖）新加坡現在叫做新加坡共和國，人口三百多萬，全年皆夏。旁邊就是馬來西亞。我當兵時曾為了運送軍糧，去過馬來西亞的吉隆坡。

日本占領新加坡之後，將它改名為「昭南島」（註2）。這事很有名，還有人作了一首歌，傳頌日本征服昭南島的事。

攻下馬來西亞的最高指揮官山下奉文，戰後被依戰犯審判時，他說他受命於日本政府擔任南方軍指揮官，所有戰爭的責任，他全部一人承擔。充分表現出「日本精神」，連審判他的軍事法庭法官都對他非常敬佩。這就是我們常說的日本精神。

不過，再怎麼說還是和平最好。戰爭很可憐，日本戰輸

很可憐，我們為了日本去當兵，也很可憐，無論如何一
定要避免。像日本被投下那兩顆原子彈，實在很慘。

我們在俘虜營等了 9 個月後，終於由英國提供貨輪，交
給日本人開，一路送戰俘返鄉。因為俘虜中有日本人、
臺灣人、朝鮮人等，沿途停靠很多地方，還一路找戰俘
一併送回來，總共花了十一、二天才到達。

那個俘虜營叫「麥克阿瑟 Camp」，是日本人取名的。

成：請談談您們回來時每人一天一杯水的故事。

江：那艘船是貨物船，水很有限，每人每天限量發給一杯水
（約 700cc），要洗澡、要喝或要吃隨你，再來就沒了。
人家說：「上山找無柴，落海找無水。」因為人太多，
在海中四面都是水，但海水是鹹的，不能喝。

成：有沒有帶什麼紀念品回來？在戰俘營好像每人發給一條
毯子。

江：忘記了。戰爭很可憐，有性命回來就真好佳哉。

政治人物的罪過

我常會和子女說，我和他們老媽結婚時的聘金是 1 千萬
元。我女兒說怎麼那麼厲害，就問我內子說：「媽媽，
1 千萬是現在的多少錢？」

我太太說：「那時剛好是四萬換一元。」

女兒說：「原來啊，才 250 元而已，還講得那麼大聲。」
很可憐呢，很多人捨不得花錢，好不容易存一些錢，這
麼一換全都沒了。

我那時在彰化縣衛生院上班，薪水多少忘記了，只記得日子過得很苦。時代變化中，老百姓很可憐，而這些不都是政治人物的罪過？

二二八發生時我在田中當公務員。那時對於日本當兵回來的人特別注意。我也不例外，幸好沒事。二二八事變冤枉死的很多。

三七五減租政策有人受惠有人受害，我的土地

憑著個人的努力，陳松江榮獲第 12 屆醫療奉獻獎「個人醫療奉獻獎」。

只有一點點，沒有影響。像這種時代的巨變過程中，每一次的大變遷，都造成人民很大的損失，老百姓真的很可憐。

註1 日本是於 1942 年 2 月，在被稱為「馬來之虎」的指揮官陸軍大將（上將）山下奉文指揮下，迅速攻占馬來西亞及新加坡。俘虜 13 萬名英澳印等國聯軍戰士，是英國有史以來最大的一次投降。山下奉文於 1946 年以「縱兵行馬尼拉大屠殺」戰犯罪名，遭馬尼拉軍事法庭判處死刑，奉派為山下辯護的美國陸軍法務律師卻發現，屠殺是下達撤退命令後陷入恐慌的馬尼拉守軍所為。在軍事法庭時山下說：「我並不知情，但我不會說我沒有責任。」

由於他在法庭內承認全部責任而毫不辯護，連控方都對山下表示同情。為此律師向美國聯邦最高法院上訴，要求終止執行死刑並發出人身保護令，但遭否決而被執行絞刑，死時不被允許穿著軍服行刑。

註2 當時日本的戰力還很強盛，每戰皆捷，受到昭南島勝利的鼓舞，1942 那一年出生的很多臺灣人都取名為「昭南」。

2010/11/24

受訪者背景

受訪人：黃玉坤
性別：男
出生年月：1928 年 1 月 2 日
訪問時間：2010/11/24
地點：臺南市某安養中心
訪問人：陳婉真、楊仁伯

出生於臺南，日本投降時剛由母校臺南二中畢業，從日文轉中文的過程艱難，先到郵局讀國語班；又自費到母校南二中學了 3 個月的中文，從ㄅㄆㄇㄈ開始學起，才去報考師範學院（今國立臺灣師範大學）教育系。

1950 年 6 月 1 日因臺共案（判決書之案由為：「學生工作委員會案」）遭逮捕，判刑 15 年，整整關滿 15 年，於 1965 年 6 月 1 日出獄。

重回社會後已無法再回學校任教，找工作也很困難，只能靠翻譯勉強度日。

近年身體狀況不佳，一度以為得「帕金森氏症」，經診斷為腦部積水，開刀後狀況好轉，但因年老體衰，行動不便，家人無力照顧，目前在安養中心休養。

政府在 1998 年首次制訂公布的「戒嚴時期不當叛亂暨匪諜審判案件補償條例」，並未將匪諜或加入共產黨者涵蓋在內，條例經 3 次修訂後才加入這兩類人士，2007 年黃玉坤先生才得請領補償金。

從加入共產黨到被捕的短短一年間，黃玉坤先生充其量只是基於讀書人的良知所做的政治主張，了不起只是和身邊的人說說而已，均屬憲法保障的集會、結社及言論等自由權。再對照今日國共兩黨的往來密切，更顯白色恐怖時期的荒謬。

黃玉坤後來娶妻生女，他的家人不清楚他的過往。他說這一生中，只有大學時代是他人生的黃金時期。

楊仁伯先生是前立法委員魏耀乾先生的志工助理，是泉州人第三代，祖父及父親因是華僑身分而遭遇很多不便，父親差點無法就讀國民學校。黃玉坤是楊仁伯父執輩。

　　我是昭和 3（1928）年出生，臺南二中畢業後考上師範學院教育系，在新營中學任教 1 年後就被捕，在綠島關了 15 年。

　　我中學畢業那年還是日本人統治時期，因爲戰爭的關係，中學學制由 5 年制改爲 4 年制。我考上師範學院時已經是國民政府統治時代（1946 年，即終戰第 2 年）。那時師範學院還是 3 年制的專修科，1949 年畢業。我因爲身體不好，沒當兵。

　　戰爭期間臺南地區是主要的轟炸目標，因爲臺南有飛機場；市區受損也很嚴重。我們一度疏開到海尾仔（安南區海尾寮）。州廳（註1）附近像寶美樓（註2）、林百貨（註3），都是當時最高樓層的地方，目標明顯，有一次寶美樓附近一個防空壕被炸彈擊中，死了很多人。

從託管變占領

　　機場附近灣裡一帶的婦女，因爲有機會到機場工作，有的會和日本飛行員談戀愛，只是隔不久軍隊就外調。後來的神風特攻隊也有一些是從這兒起飛的，飛行員出征前天皇會賜酒，起飛後會把手帕丟下來表示道別。

　　雖然日中戰爭慶祝南京「陷落」（被日本攻陷）時，很多人拿著蔣介石和宋美齡的人偶遊街示眾。但聽到國軍來接收時，臺灣人都非常高興，我也和大家一樣，拿著國旗到車站唱歌歡迎國軍，想不到出來的竟然是挑著扁擔鍋子，完全不成隊伍的一群人，對於看慣嚴謹軍紀的日本兵的我們，那

種震驚無法形容，高舉的旗子趕緊放下來，心中覺得臺灣人
真可憐，怎麼是這麼亂七八糟的中國兵來接收？

其實美國只是把臺灣委託給蔣介石管理，後來陰錯陽差
延續到現在。

· **楊仁伯（以下簡稱楊）、黃玉坤（以下簡稱黃）**

楊： 我聽說來接收的國民黨兵，看到新奇的東西就搶來據為
己有；看到水龍頭打開就有水，他們就到水電行搶水龍
頭嵌在牆壁，轉不出水還到水電行去鬧；去麵攤吃麵，
只給少許的錢掉頭就走，老闆向他要，因語言不通大吵
一番，趁機溜走，造成本省人對外省人的不滿。

黃： 很多中國人從來沒看過香蕉，竟然連皮一起吃，還罵說
怎麼這麼難吃；軍隊更是毫無紀律可言；他們的文化水
平遠不如臺灣人。

然而，挾著統治者的優勢，他們看不起臺灣人，認為臺
灣人被日本人奴化太深；更有人把中日戰爭的仇恨一併
記在臺灣人頭上。臺灣人過去被日本人罵「清國奴」，
是二等國民，想不到「祖國同胞」卻更加歧視臺灣人。
日本時代臺灣人雖然遭受明顯的差別待遇，有些事日本
人無論如何做不出來，光復後中國兵卻都做出來了。
譬如我一位親戚在二二八後不久，因為中國兵買東西不
給錢，向他要錢反而被軟禁，他父親當時擔任區長前去
關心，同樣被軟禁，還沒收隨身物品。這和土匪強盜有
什麼兩樣？

從這種種情況你就可以想見，臺灣人實在有夠可憐，做
了日本人 50 年的奴隸，高高興興回到祖國懷抱，遭遇
到的是更加惡劣的統治者，那樣的心情起伏誰能理解？

二二八發生時，我正好從臺南到師範學院註冊。火車在
板橋車站停下來之後，所有人都被趕下車，有一些人攔
住全體旅客，一個一個盤問，凡是腔調不對的就被拉到
旁邊打，我看情勢不好，趕緊回臺南，看到警察都跑掉
了，換成功大學的學生在警察局及各重要路口站崗。

二二八事件中，臺南、高雄都很嚴重，高雄最可憐，國
軍竟然在高雄車站對於下車旅客全部掃射，一個不留，
死了很多人。

佩服毛澤東

二二八和中共無關，那時他們的勢力還沒有到臺灣，
「四六事件」比較有關聯。「四六事件」就是在臺灣的
本島人和「阿山」（註4）互不信任、互相敵視；在中國內
戰又打輸共產黨，政府藉機派軍隊到學寮（學生宿舍）
抓學生，這是一種有計畫的逮捕行動。

我是在 1947 年暑假被共產黨吸收，加入為黨員。共產主
義在當年是很多理想主義者所嚮往的進步思想，我到今
天還是主張共產主義、國際主義，到死都不會改變，更
不後悔。我們經過兩個政權的統治，很多感受你們沒有
經過的不會懂。

我尤其佩服毛澤東，他的確「鰲」（臺語：很厲害、很

高明的意思），在那麼惡劣的環境裡，有辦法推翻國民黨政權，真是一個鬼才。

國民黨本來就是一個反動的政權，我參加共產黨的目的就是要推翻它。我被捕以後坦白承認是共產黨員，因此沒有被刑求。

雖然毛澤東在沒有取得政權以前說過，應該幫助臺灣獨立，但我們當時最迫切的是要推翻國民黨，推翻之後有人傾向回歸日本統治；有人主張獨立；也有主張和中國合併，沒有一致的看法，主張和中國合併的比較多。

在臺的華僑

楊：談到四萬換一元和三七五減租，我外公是清水人，他努力經商，卻在這兩波變動中，財產幾乎化為烏有，他一度去法院提告，結果敗訴。

祖父是從福建到臺灣的第一代，父親到了學齡時政府沒有通知他入學，一問之下才知道因為他沒有日本籍，不在受義務教育的範圍內。幸而因舅舅翁金護先生擔任「港公學校（今協進國小）」家長會長，父親把戶籍遷到翁家，請舅舅當監護人，才得以順利在小學畢業後，繼續升學讀臺南商業學校。

黃：日本人初到臺灣時，曾公告讓臺灣人自行選擇要當中國人，或是入籍成為日本人，兩年後不願成為日本人的，就成為在臺灣的華僑。

楊：日本人規定這些在臺灣的中國人不能服公職。所以父親

很怕讓人家知道他是中國籍，免得遭受學長欺凌。

父親他們這種泉州第二代的心理一直不平衡，覺得身爲中國人彷彿成爲他們的原罪，日本人統治時受歧視也就算了，中國人來了之後，更加被踢得遠遠的，很多日治時代在臺的中國人不禁感嘆，認爲「做中國人要死」。

家父曾經問過先祖父，當初明知臺灣是日本的殖民地，爲什麼還要辛辛苦苦渡海來臺？阿公告訴他，在泉州鄉下生活不易，只能當挑夫，晚間挑東西翻山越嶺，白天到達山的那一頭把貨物賣了才回家，中間常常遇到土匪，不是去時貨物被搶，就是回程時錢被搶，治安很差，善良小民根本無法生活。那時泉州人的貨船上有提供免費搭船來臺，船上並有一餐的誘因，他們就過來了。

父親曾經被兩個國家統治過，他說：「日本人的法律簡單，上下都守法；中國人法條多如牛毛，官字兩個口，各取其所需法條來做判決，造成人民不信任政府，執政者爲所欲爲。小老百姓寧可選擇當個異國人。」

註1 舊臺南市政府，今國立臺灣文學館。
註2 日本時代臺南有名的酒家，今西門路和民族路交叉口，爲三層樓建築。
註3 臺灣第二家百貨公司，於 1932 年 12 月 5 日開幕，僅晚第一家的臺北菊元百貨公司 2 天，菊元開幕日爲 1932 年 12 月 3 日，爲當時僅有電扶梯的兩家百貨公司。林百貨建築物高五層，臺南人稱爲「五

層樓仔」，已被臺南市政府列為市定古蹟整修。

註4 臺灣人稱中國人為「唐山人」，簡稱「阿山」，國民政府來臺後發生的一連串事件後，演變成臺灣人心中對中國人的不滿，「阿山」一詞變為有鄙夷之意。

受訪者背景

受訪人：楊承家

性別：男

出生年月：1923 年 2 月 6 日

訪問時間：2010/11/15

地點：彰化楊宅

訪問人：陳婉真

日本時代就讀臺中一中，畢業後考取日本長崎臨時醫科大學，剛去就讀一個學期，因為妹妹考取彰化高女（今國立彰化女中）沒錢註冊，妹妹寫信向他求助，因而回臺，又因大東亞戰爭爆發，唯恐赴日危險，而決定留在臺灣，並在彰化第一公學校（日治末期改名為「楠國民學校」，即今之中山國民小學）任教，先擔任助教，後升任為教員，1981 年退休。

楊承家先生最為人津津樂道的是，每年九二八祭孔大典，他都親自指導由小學生擔任的佾生跳六佾舞，時間將近 70 年，期間佾舞曾一度幾乎失傳，幸因他耐心記

憶並製成教學繪本得以流傳，成為臺灣祭孔大典的國寶級導師，也是臺灣最年長的「佾長」。

他的長子楊文彬先生曾任彰化選出的國民大會代表。早年於彰化師大畢業後，獲得獎學金留學德國海德堡大學，留德期間在前監察委員尤清介紹下參加德國臺灣同鄉會；1978年臺美斷交時因憂心時局匆忙返國。美麗島事件發生，尤清在楊文彬的力促下，成為美麗島大審的辯護律師之一。

1980年，現任立委翁金珠於夫婿劉峰松因違反選罷法坐牢期間，代夫出征參選省議員。初期懾於白色恐怖的陰影，連翁金珠自家人都不敢出面相挺，楊家免費提供自宅作為翁的競選總部，楊承家的太太林佩香女士雖不認識翁金珠，仍每天義務買菜煮飯提供一、兩百位義工膳食，出錢出力無怨無悔。

和楊家認識十多年，一直到這次訪談中，楊承家先生才提及，他是家父臺中一中的「前輩」。他雖然較先父年長2歲，但因先父入學較遲，就讀臺中一中時他已畢業，他的帽子及綁腿就是傳承給先父的。

那時先祖父經營磚窯工廠。楊承家先生說他很愛到磚窯去看工人工作，他還記得紅磚屋頂的薄片瓦製作過程，是先將原料土倒入模子壓平，拿出來陰乾後，再放入架子，推到窯內燒製，還說那時祖父的工廠進用的工人數多達十餘人，算是不小的工廠。這些都在我出生之前的事，我自己都未曾由家人口中聽過這些事，聽來備覺親切。

圖左楊承家、右為當年考取彰化高女，
寫信請楊承家從日本長崎臨時醫科大學
回臺灣的妹妹，就是這一封信使楊承家
免遭核爆（攝於 2013 年楊承家邀請妹
妹回娘家晚宴會場）。

楊承家夫婦為民主付出心力，兒子楊文
彬（中）曾任國大代表，美麗島事件發
生時，曾力促同學尤清律師為美麗島大
審辯護。

　　我是在大東亞戰爭開始那一年（1941 年）從臺中一中畢
業的，應是第 23 屆。當時是 5 年制。隨即考上日本長崎臨時
醫事大學，所謂「臨時」的意思，是為了因應戰爭所需的醫
事人才新增的學制，修業年限是 3 年（醫學院本科是 7 年制），
彰化有幾位醫師是這種臨時醫科大學畢業後回來開業的。

　　我去日本讀了一個學期就回來。因為戰爭，往來臺灣和
日本的船隻不安全，加上家庭因素，我就去彰化第一公學校
教書，起先擔任助教，月薪 60 圓，後來升為正式教員，到退
休時本俸為 589 元。

　　人生禍福難料，當初如果再回長崎讀書，原子彈丟下來
時，恐怕逃不過。那顆原子彈就落在我們學校旁邊山上一個
修道院的圍牆外。幸好是暑假，學校沒有學生，否則傷亡更
慘重。

此國語非彼國語

國民政府剛來時,每天下午在孔子廟有一個從中國來的老師在講習中文,我去那兒學了幾個月,後來聽說那個老師是共產黨員被抓去關。當時的情況是今天學,明天去教學生,真的是現買現賣。

不過,因為大人學得比較快,每次學習的東西也比較多,所以很快就可以適應了。那時國語第一課的內容是:「人有二手,一手五指,二手十指,草地上有牛羊,牛羊同吃草……。」

我小時候曾經去南街(註1)周哲三眼科醫師的父親那裡讀「漢學仔」,像三字經等都學過,都以福佬話發音。學生及家長都尊稱周老師為「周仔頭」。漢學仔的書就在三角公園仔(註2)觀音亭(開化寺)邊的王成源茶莊,他們兼賣書及文具。

日本人的學校課程裡,國語(指日本語)、漢語、英語、數學是中小學必修的主科。因此,我們的漢學基礎不是問題,只是發音的問題而已。

那時學校嚴格規定要講國語(日語),禁止學生說臺灣話,只有第一公學校最特別,無論老師學生,大家都嘛講臺灣話,反而鄉下的學校不敢這樣,嚴格執行日本人的禁絕臺語政策。

物價波動最厲害時,幸好我太太很會持家,她的手藝很好,會做傳統的「縛腳鞋」(註3)、臺灣衫的布盤扣,尤其會做「春仔花」,做好交給南街的大盤商。另外,我們有一點

農地租給佃農，每期收割就會有一些稻穀，我在家裡廚房一角，以磚塊水泥砌一個槽，上面蓋木板，做為穀倉，每隔一段時期就把稻穀送到碾米行碾成米，粗糠及米糠留給他們，我們就不必另支付碾米的費用，所以至少還有飯吃，至於詳細情形已經想不起來了。只記得物價一日數變，薪水也跟著調，但趕不上物價上漲的速度；再沒辦法，我就向朋友借錢來周轉。那時車站附近一家環球旅社的老闆黃永森先生是我的同學，我有急用時就去向他借錢，等有錢時再慢慢還給他。

三七五減租政策實施時，我在花壇有五、六分農地是租給佃農耕種的，我依規定問佃農買不買，他不買，我就向市公所登記賣出，有人願意買，就賣掉了。

日治時代傳承的佾舞

我在 1941 年 5 月到中山國小教書，那時中山都收男生，彰化另一所專收女生的民生國民小學在日治時代叫做「春日國民學校」。

因為祭孔的佾舞傳統都由男生擔任，自然就找到中山國小來。我剛去教書時，大家說我最年輕，每天上午要帶學生到孔廟練舞的工作就推給我做，我也接受。每年練舞時都是上午練習，中午就地在孔廟吃鹹粥，下午再回學校上課。練習時學生姿勢不對的，我就幫忙糾正，等於當助教，就這樣邊學邊管教孩子，久而久之我把每一個動作都學會了。

日本人很尊敬孔子，所以這個工作就這樣從日治時代一直延續做下來。做到孔廟教佾舞的老師都往生之後，只剩下

我一個人會教。我還把每一個動作都找人用手繪方式做成大看板，方便學生學習，外縣市好幾處孔廟也常來和我們互相切磋，直到幾年前，有一位開舞蹈班的陳惠玉老師開始來學習，現在她都會了，就由她來教。

楊承家在彰化孔廟祭孔大典中擔任正導引。

　　彰化孔廟祭孔典禮，除了修廟那幾年及八七水災之外，每年都舉行。依照古禮，皇帝祭家廟是八佾舞，因為孔子很受尊崇，所以用等同於諸候的六佾舞，如果是皇帝親自祭拜（以現代的說法就是中樞祭孔大典），就用八佾舞，彰化孔廟都是以六佾舞祭孔。

註1　今彰化市南門市場一帶。
註2　今彰化市中華路與和平路交會的三叉路口一帶。
註3　即纏足婦女穿的三寸金蓮。日本人禁止纏足，因而有很多婦女把纏了幾年的小腳放大，但仍有一部分較年長婦女已經定型無法解放，仍然是纏足。

中廖合雲、左賴芳惠、右簡大姊

受訪者背景

受訪人：廖合雲、賴芳惠

性別：女

出生年月：1913 年 12 月 15 日、1933 年

訪問時間：2011/2/17

地點：臺中市廖宅

訪問人：陳婉真、簡大姐

廖合雲及賴芳惠是母女，廖合雲女士在臺中市第八市場附近開班教授插花超過 50 年，得獎無數，堪稱全國最年長的插花老師。

廖女士頭腦清楚，身體健康，但因年歲已高，聽力不佳，因而同時訪問母女兩人。女兒賴芳惠女士也經歷過兩個時代，絕大多數的經過她都清楚。

訪問當天，很多插花班學生都來旁聽。據簡大姐說，她跟廖老師學插花已經 2、30 年了，雖然老師最近因為摔斷手不方便，很多學生還是每天會來陪老師喝茶聊天，師生感情融洽。

　　這些歐巴桑都是我的學生。我是民後 2 年 12 月 15 日出生，我已經快 100 歲了。我是基督徒，牧師好幾次在教會公開說，我是教會的寶貝。這些歐巴桑都是日本精神。我教插花、教日語，插花教 50 年，我是篤行教會的寶貝，牧師說的。我插花得過市長賞。

臺灣的寶貝

・賴芳惠（以下簡稱賴）

賴：我是她的大女兒，今年 79 歲，1933 年出生，國小讀日本書，初中才讀ㄅㄆㄇ。二二八發生時，我在市區看到謝雪紅，拿著刀，很威武；不久在孔子廟附近水源地那邊，看到一整排臺灣人被國軍打死。

我媽媽 40 幾歲學插花，大約 50 歲開始開班授課。也曾經到日本學過草月流。在那之前是家庭主婦。

我爸爸 20 幾歲就學會開車，有卡車駕駛執照。日本人雇請他去岡山空軍基地開卡車，戰爭期間負責載炸彈武器等，他常去臺東、花蓮等地載炸彈、炸藥，整台卡車都是易燃物，山路不好走，非常危險。臺灣囝仔就是這樣憨憨，要他載什麼他就載，也不懂得避險。

他沒去南洋當兵，我一個舅舅被徵調去南洋。他是媽媽的弟弟，17 歲就過去馬尼拉，沒有結婚就戰死了，現在奉祀在日本的靖國神社。後來好像賠 30 萬，大約 10 多年前才領到，我媽媽領的。

父親是民前 2 年生的，戰爭時他已經 30 幾歲。國民政

府接收後，問爸爸要不要繼續留營，父親考慮到一時之間也沒有頭路，又要養家活口，決定留營，所以我爸爸變成榮民，媽媽現在還是榮眷。

光復後爸爸的工作地點在今忠明南路大潤發對面的兵營，我們小時候住在大和村（註1）的眷村，就是後來的模範村（今民權路底的模範街）。那裡以前都是日本宿舍，後來改成空軍眷村。

眷村改建我們沒有分到房子，繼續住眷村的就有分到，我父母古意（老實），很早就搬出去了。爸爸退休後每月領1萬3退休俸，直到他88歲過世。

我母親不會理財，父親當年是一次退，如是月退就有18趴（註2），現在她也可以領父親月領的一半。目前她只有在一年三節拿到一點禮金。

日本時代什麼東西都要配給，有一次媽媽叫我去排隊領雞蛋，我排了5個蛋，卻不小心掉到地上，我拜託他們再給我，他們說不行，我哭得要死，回來又被母親修理。為了5顆蛋，要去排好久的隊，回來時都破掉了。

剛開始空襲時，我們宿舍都挖防空壕。因為空軍基地是美軍攻擊的目標，常常看到B-29轟炸機，也看到日本的飛機飛上去，一下子就看到飛機栽下來。情勢緊張時，我們就疏開到父親的老家竹東。

疏開時我爸爸開卡車，把我們一家大小全載在卡車上，當晚就跑，沿路看到好多被掃射死掉的人，有的肚破腸流掛在樹枝上。卡車是軍方的，他後來開到新竹還給空軍。

現在想起來，那時母親和我都很好膽。出發時，因為弟

弟都還小，母親背一個，我背一個，大家一直跑，跑到半途才發現忘記拿東西，母親叫我回去拿，我飛快跑過番薯田，飛機一來，我就拉起番薯藤把全身蓋起來，以免被低飛的飛行員開槍掃射，就這樣，沒飛機時就一直跑，飛機一來就蓋起來。現在想來自己也很聰明。當時學校老師都會教我們，遇到空襲要偽裝躲避。

綽號「黑貓雲」

我國小 6 年之中，換了好幾個學校：斗六、岡山、竹東、新竹。小學 6 年級的時候老師說日本輸了，大家都哭了。

我光復後到新竹，考上新竹市立中學，不久因為父親工作的關係，轉到臺中市一中（今居仁國中），那時叫市立中學。以後就一直住臺中。

我爸爸是竹東的客家人，不會講福佬話。母親是斗六人，年輕時愛玩去臺北，老爸也去臺北，兩人在那裡認識。

時髦愛玩的廖合雲老師，有「黑貓雲」的綽號。

廖合雲 50 年前拿到的草月流執照。

學生甲：老師年輕時很時髦，人家都叫她「黑貓雲」，她很
　　　　　會玩，會打高爾夫球，也很會跳舞。

賴：她什麼都學，什麼都是「半籠師仔」（半吊子）。她曾
　　　學做產婆（助產士），也去學照相，日本時代和我父親
　　　四處去幫人家照相賺錢。

學生乙：她都在公園帶頭教人做體操。

· 廖合雲（以下簡稱廖）

廖：我喊體操喊 30 年。

賴：她能活到 99 歲那麼長壽的原因，第一，她沒有什麼壞習
　　　慣；第二，她持續那麼久都去帶動做體操，那時候沒有

活到老學到老，近 50 歲到日本學插花，回來後擔任插花老師，一教又是 50 年過去。

麥克風，都要靠喊的。起先她不會講中國話，問我什麼叫「預備——起」，我就用日語跟她解釋。

她很外向，喜歡交朋友。後來碰到一位教插花的老師建議她也來教插花，還建議她去日本學習。她果真去學草月流（註3），還拿執照回來。

廖：這是草月流的執照。50 年前拿到的，我現在 100 歲。

賴：她也有戰士授田證，後來換錢，沒有換地。

我 3 個弟弟都讀空軍子弟學校，就是現在的省三國小。

談到二二八事變我大弟最清楚，因為他每天到學校讀書，窗戶打開就聽到砰砰砰的槍聲（註4）。

對謝雪紅印象深刻

‧ 陳婉真（以下簡稱陳）

陳：（問廖）二二八您有沒有印象？

廖：她（指賴芳惠）的朋友臺中一中的學生，足可憐喔，我把他藏起來，結果也被拖出去。

賴：是一個省一中的，17、8歲的囝仔，因為朋友被抓被刑求，朋友不得已說出他的名字，只是這樣，說出他的名字，就被打死。每一天都是7、8個排成一排，砰砰砰全部打掉，她印象很深，所以她說再怎麼講，她都不原諒國民黨。

廖：他的老母和妻子都一直哭，你想想看，這些都是人才，就這樣碰碰碰，都槍殺了，可憐喔。

賴：我對謝雪紅印象很深。她穿馬褲，拿著刀指揮部隊前進。

陳：那麼危險您還敢去看？

賴：女孩子比較沒關係，我們一大群女生站在路旁看，就在中正路靠近自由路彰化銀行那兒，至今印象深刻。

陳：您說的集體槍殺的情形持續多久？在那裡？

賴：天天都有，印象中至少有7、8天。就在孔子廟對面的水源地那裡。也就是在我弟弟的學校旁邊，如果他來講會更清楚。

簡大姐：我爸爸那時剛從日本回來，在新店的衛生所上班（當醫師），他曾經告訴我們說，在衛生所的後山，每到晚上卡車載整車的人，先讓他們挖洞，然後打死，就地掩埋到洞裡。

賴：我媽媽也曾經藏一個外省人老師，否則的話會被臺灣人
　　拖出去打。

陳：後來國軍來都打臺灣人。

賴：對，我當時親眼目睹的，有老師，有朋友的哥哥，都被
　　無辜打死了。

陳：四萬換一元那時日子怎麼過？

賴：爸爸有薪水，也有宿舍，還有配給。還有就是我爸爸在
　　空軍，聽說他們裡面有不少人污錢，我爸爸也有樣學樣，
　　污了一些錢，例如他開卡車，加油的時候他就很方便去
　　揩油。小時候聽他這麼說過。

只有小偷才不吭聲的進門

陳：三七五減租您們家有沒有影響？

廖：我們的田都變成佃農的，杉仔山、茶園，都沒有了。火
　　炭窯用的樹，要種 20 年才能砍來燒，都賣掉了。

賴：爸爸的田被她賣掉了。爸爸名下原本有田有山地，因爲
　　媽媽年輕時很會花錢，交往的盡是一些有錢人，開銷更
　　大，所以都被母親賣掉了。

陳：她後來教插花，看起來生活過得很好。

賴：她自己生活過得還可以。

　　回想起來日本教育比國民黨好很多，現在的教育太失敗
　　了。我們從前學校都有教「修身」。一些生活細節都教，
　　日本人講究坐要有坐姿；拿筷子怎麼拿；碗的正確拿法；
　　吃要有吃相；及其他應對進退禮儀……等等。也強調同

學要友愛，下級生看到上級生要行禮，無論在家在學校都要長幼有序，講求倫理。現在沒有啦，現在的囝仔亂來。兩者簡直是天地之差。

從前日本時代大家都很有禮貌，回到家一進門一定要說：「我回來了。」如果進門沒有說一聲，出去，再重來一次，我母親就是這樣教我們的，因為只有小偷才會不聲不響的悄悄進入人家的大門。

日本時代家家戶戶的大門從未鎖過，環境衛生也比現在好太多，總之，差有夠多，現在根本沒有教育和倫理可言，羞恥之心也沒有。

所以我們很懷念日本時代，那種家庭倫理、同學友愛、師生感情融洽、那種人情味……，每一樣都令人懷念。

註1 「大和村」係日本時代住在臺中的日本人，有感於臺中缺乏一個高級日本住宅，於 1937 年成立「大和村建築信用購買利用組合」，於臺中師範後面購地興建 100 戶日式高級住宅，限日本人中上人士購買，國民政府來臺後，接收日產，改為眷村。

註2 早年因軍公教人員待遇低，政府為保障軍公教退休人員的生活，規定年資一次退休金及公保養老給付得辦理優惠存款，利率為百分之18。

近年因利率走低，一度甚至幾乎降至零利率，軍公教仍維持 18% 的高利率優惠存款，造成很多軍公教退休人員每月所領退休金利息所得，幾乎與薪水一樣多。

前總統陳水扁於 2005 年在全國人事行政會議談話中指出，長久以來，社會對於部分軍公教退休人員，因為享有百分之 18 的優惠存款利率，使得退休所得替代率超過百分之百，甚至高達百分之

一百三十的不合理現象，普遍認為應該檢討調整。

註3 「草月流」係日本花藝的一個流派，創始於 1927 年，突破日本傳統花藝的拘束，強調素材的運用自由廣泛，展現個性。

註4 省三國小最早名稱為「空軍第三飛機場附設子弟小學」，在日本投降的第 2 年，由空軍總部成立，並利用原日本神社（今忠烈祠）改建為校舍。根據省三國小校史記載，創校日期是 1947 年 8 月 25 日，又說當年的校舍是空軍官兵利用公餘時間以廢料建成。距二二八事件發生已經是將近半年後的事，有可能是學校邊改建邊讓學生先去就讀。

左：白權；右：謝正榮

受訪者背景

受訪人：謝正榮

性別：男

出生年月：1925 年

訪問時間：2010/12/6

地點：謝宅

訪問人：陳婉真、白權

彰化縣公教退休人員協會現任常務監事，曾任第三、第四屆理事長。從日本時代到國民政府接收後，謝先生都在彰化縣政府任職，跨越兩個時代，承辦過政權移交業務，退休前擔任課長。

父親謝銀來先生為福興地方熱心公益人士，曾任民選第三屆及第四屆福興鄉鄉長，叔父謝克昌曾任官派第三屆鄉長，及彰化縣議會議員、臺灣省農會常務監事。家族在地方上政治實力雄厚。前省議員白權先生介紹並陪同採訪。

　　我是 1925 年出生。我們的家庭還好啦，我一個孫子是臺大醫學系畢業，在臺北仁愛醫院任醫師，很優秀。

　　我是在大興國小畢業後，到秀水國小補習一年，算是一種幹部訓練，好像叫做青年學校，但讀不久，我就到日本報考高農。

　　那時我們庄裡讀甲種中等學校以上的人寥寥可數，到日本讀書的也沒有其他人。我算是庄裡同年代學歷最高的。

　　我是日本愛知縣岡崎市的高農畢業的。我有一位同班同學擔任 4 任的岡崎市市長（日本的市長任期沒有限制），他常到臺灣來交流，黃石城先生任縣長時，我特地介紹他們兩位認識。我們到現在仍有往來。

日本老師的身教

　　我在日本讀書時，除了上級生管下級生很嚴格之外。我們學校規定，每天都有 5 至 6 個學生陪一位值班老師一起住在宿舍，學生要負責巡視校內各辦公室及教室門窗是否關好，並飼養實習牧場的動物。雖然是男生，學校也教我們煮飯，包括如何計算飯鍋的水量、升柴火煮飯時，水滾後就要關火，才不會燒焦等，所以我不用電鍋也會煮飯。

　　晚飯後該做的事都做完後，就和老師下棋。因此我也會下圍棋、日本棋、五子棋等。這些都是日本人教的，學生輪流陪老師值班的用意，是在訓練我們團隊生活的技能和禮儀。

　　我家是國語家庭，家族正式改姓為「東山」。因為我們大廳門口就是寫著「東山寶樹」。我的畢業證書姓名是東山

正榮。地方上有些人雖然申請改姓，但沒有獲准。

如果沒有戰爭，我在日本會繼續讀大學，也許會娶日本妻子，但唸完書後一定會回來，因為父親從小灌輸我們的觀念就是長子要負起家庭的責任，我也一定會負起我的責任，我和太太在上班時，薪水全交給父親。到我弟弟結婚後才打破這個慣例。

日本政府規定大正 14 年以後出生的臺灣人一律開始徵兵。如果我是 13 年出生，就不必調兵。14 年無法逃避。

既然一定要當兵，我決定回臺灣。臨上船前，我先寫好一封給爸爸的道別信，因為唯恐途中被擊沉，淪為海草。

從日本回臺灣，正常航程是 3 夜 4 天，我們卻搭了 16、7 天才到基隆，我們是整團船隊一起出航的，包括運輸船等，由軍艦護送，客船只有我們這艘高砂丸。為了航行的安全，先繞道到上海港後才回到臺灣，因為那時上海由日本人控制，美軍打不到。

本來臺日航線有富士丸和高砂丸兩艘一萬噸級的大船往來。富士丸在我回臺前一年被擊沉，我一個阿姑就是搭富士丸，到基隆時被炸沉，同行的有姑丈和他兒子，還好 3 人都幸運獲救。

在郡役所工作

我 19 歲回臺灣後就到彰化郡役所工作。等於現在的彰化縣政府。在郡役所同仁裡算是高學歷的。那時臺灣的嘉農、屏農也都是很好的學校。我會到日本讀書是因為臺灣中等以

上學校很少。

其實日本時代連日本人都很辛苦，每天的便當菜只有一顆醃梅子及一片黃蘿葡，能讀高農的都是家庭比較好的。我家庭算是優渥的。

那時彰化縣屬於臺中州，分為彰化、員林及北斗等 3 個郡。光復後彰化市被編訂為省轄市，和現在的縣轄市不同。彰化縣就是由前述的 3 個郡合併而成。

我 6 月進郡役所，半年後接到臨時召集令，因為未滿 20 歲，不能算正式的兵，翌年才編入為二等兵。

因為高農學生在就學期間，學校就施以軍事訓練，合格的會發給軍事合格證，那張證書我現在還保留著。憑那張證書，我一入營就是幹部候補生。我如果表達擔任幹部的意願，軍方就會施予 6 個月的訓練，通過的話就升為上等兵，否則就是一等兵。接著可以再接受訓練，合格就升任少尉，不合格就掉為伍長，等於現在的班長。

不能讓臺灣人當飛行員

‧ 陳婉真（以下簡稱陳）、謝正榮（以下簡稱謝）

陳：不是說臺灣人不能當兵，如果當兵也不讓你拿槍嗎？

謝：不是。只有一種兵種不讓臺灣人當，就是飛機師，因為他不知道你會飛到那裡。步兵及海軍都沒問題。

舉我的例子，我在日本時，讀到第 4 年，學校就要求學生志願擔任甲種飛行預科練習生。那時飛行練習生分成兩種：甲種和乙種。乙種就是初中畢業，甲種就是我們

這種高等學校，通過測驗的話就是少尉以上的官階，乙種通過的話只是「伍長仔」而已。

學校徵求志願任飛行員時，我也去申請，沒通過。我們同學有 5 個通過（都是日本人），通過後還要考試、體檢，及學歷檢查等。接著還要到空軍學校經過兩年的訓練，但不到兩年日本就投降了，所以那 5 個人得免一死。

陳：您沒通過是因為您是臺灣人？

謝：他沒說，我知道。因為我是臺灣人，不能讓臺灣人當飛行員。

日本時代臺灣人和日本人的差別非常嚴重。我父親在地方上和日本人常有聯絡，那時警察權力非常大，地方人士遇到諸如被拘捕等問題就找爸爸協助，事後他們會報答，通常只是送一些土產，像自己養的雞、鴨及蛋之類的，不會送錢。一般透過爸爸送禮的，他都特別要求送禮者陪同等在外面，送完禮後一起離開，確保不會讓人懷疑禮物是否送達，這也是父親常教誨我該注意的人情世事。

日本人很喜歡吃生雞蛋，他們的「朝食」一定要一顆生雞蛋，打散加醬油再配飯當早餐。所以鄉人只要土雞下蛋，就拿去和日本人交換食物。這是戰爭末期的事。

我剛去當兵，就發生了一些料想不到的變化。

我先到臺東接受 3 個月的警備召集，還不是正式的兵。部隊大部分是來自各縣市的臺灣人，日本人很少。

警備召集期間沒有正式訓練，只因怕美軍從臺東登陸，就派我們去挖防空壕。而挖防空壕要測量，全隊 50 多

個人裡面，中等農業學校畢業的只有我一人，我們農校有測量課，我說平盤測量可以，再高深的沒辦法。現在測量已經不用特別技能，可完全借助電子儀器。

3 個月中我就負責測量，部隊另派一個人拿旗桿協助我。全隊都住在鯉魚山旁。

接著，我被編爲正式的二等兵，由一位伍長負責訓練。部隊奉命調到基隆。

當時從臺東到西部沒有車，從臺東步行到恆春，一共走了 3 夜 4 天。我們的行軍是 1 個小時走 4 公里，每小時走 50 分鐘，休息 10 分鐘，夜間在學校校舍打地鋪借宿。到恆春之後再搭火車到基隆。

行軍途中我因爲摔車，頭、手都受傷，非常嚴重，被送到屏東的陸軍醫院，住院住了 1 個月，開始拉肚子，軍醫唯恐我得了傳染病，那時的傳染病最輕的是阿米巴性痢疾，現在算是輕症，但那時沒有特效藥，我被送到傳染病房，那是在生死邊緣掙扎的，每天都有死人，起先我不知道，是隔壁病床的人告訴我說：「又有一個出去了。」

我總共住院 3 個月。那時沒受到傳染眞是萬幸。在住院期間，家附近空軍機場就開始遭受大空襲，附近村落幾乎被夷爲平地。

病中的特權

我很幸運碰到一位中尉軍醫，是醫院裡官階最高的，當

231

兵前是在彰化，我每天到郡役所上班途中都會經過的「池田病院」的醫師。日本時代一個小兵要找中尉不是那麼簡單，因為知道我在彰化郡役所服務，彼此是同鄉，特別接見了我。

我說，「空襲那麼厲害，我很擔心家鄉的情況，能否讓我請假回家看看。」病患那能請假？是特權啦。他特別准假一個星期，交代我回營時帶一瓶 "Newpis"，是一種牛奶精製加糖的濃縮飲料，類似可爾必思，但是比可爾必思高級一點。因為戰時物資管制，有錢也買不到。彰化賴樹旺（註1）的牧場有，只是很難買到。說不定他知道我家裡的狀況，又知道我是郡役所員工，多少有一些特權。

我回家就拜託家父。他是保正兼壯丁團團長，在地方上算很大了。他準備了兩罐，媽媽又為我準備花生及肉脯，那時農地管制，花生是不能種的，豬肉也管制，這些物品，都是經由父親的特別管道才有辦法取得。

戰時為了確保軍糧供應無缺，規定每一區應該種植哪一種作物，農民都必需嚴格遵守。當時能種的只有水稻，甘蔗、番薯，要在規劃地區才能種植，我在郡役所就是承辦「農地使用管制」的業務，一般不是從事這項業務的，不會知道這個規定。

一個禮拜後我身體還不是很好，無法回去，大約晚了一天或是兩天才回醫院。

日本時代軍令非常嚴格，那是不得了的事，可能要關禁閉。我回去報到時向中尉軍醫報告說，他交代我買的東

西已經帶回來了，另外，還有母親準備的花生和肉脯，他高興得不得了，因為縱使他軍階高也無法取得這些食品。我也因此沒有受到任何懲處。

有一次軍隊從事例行性的病房檢查，由那位中尉帶幾個隨從巡視病房。日本人的病房管理很嚴格，不能因為你生病就不做內務，棉被要摺成整整齊齊的豆腐干（註2）。巡房前隨同

謝正榮示範「正坐」姿勢，右腳拇指必須貼在左腳拇指上。

的上等兵就先交代，所有能吃的東西都要擺出來排在前面，每個人都要「正坐」（註3）。

結果巡房後所有病人的食物全被沒收，到我面前時，中尉問我說這些食物是否就是送他的食物，我說是，他說：「這些沒問題，你可以留著。」

傳染病房症狀好了之後，我向中尉申請轉回外科病房，接著報告說我已經好了，想回歸部隊。經多方詢問才得知我所屬的部隊已移動到基隆某地，我才完成報到。

後來我聽說原本我們的部隊是要去支援琉球的，因為沒有船隻去不成。如果那時日本還有船艦的話，我們也一

起去「玉碎」（註4）了。

飛機變廢鐵

請假回家期間，有一天我父親辦了一桌請我們這裡的飛行員吃飯。

那些飛行員至少都是伍長，或是軍長、少尉、中尉以上，經過特殊訓練過才能擔任的。席間，他們當然不會說什麼和軍事機密有關的事，回去之後不久，所有受邀者只剩一人，因為出勤前一晚拉肚子，臨時找別人遞補所以沒死。

事後想起來，他們其實是來向父親道別的。後來連飛行員也剩沒幾人，所有飛機都開到掩體底下停駐不敢起飛。

· **白權（以下簡稱白）**

白：那時都躲到土堆下。

謝：土堆也有，樹下也有，只要是隱密的地方就可以，不敢再起飛了。人也都死得差不多了。

回過頭來談空襲的事，戰爭中我沒親眼看見，知道有空戰，大家以為被擊落的是美軍的飛機，其實是日本的。白議員家在機場旁邊，剛開始美軍來轟炸時，大家還不知道炸彈的厲害，沒有危機意識。所以第一次來時，很多人被炸得血肉橫飛，那一帶死了很多人。

白：對，對，第一次轟炸時死很多人。

謝：那次以後，大家嚇到，家家戶戶趕緊做防空壕。

那時在機場公用地旁邊還有一條大排水溝。如果沒有排水溝，下雨積水飛機場就無法使用，因此一定要做，就

是從外埔一直到大興國小附近。那時還沒有怪手，都用
人工挖掘，因為每人都分配一定大小的責任區，即使在
空襲中也不能停頓，雖然很害怕，也只好邊躲空襲邊做，
沒空襲就趕緊來做。日本投降後大家就爭著去占地，誰
占到就是誰的了。

白：剛剛說到辦桌請 5 個飛行員的事。我小時候好幾次站在
家附近望向機場這邊，親眼目睹特攻隊出征前，機場都
有 3、50 人以及軍樂隊吹奏喇叭送行，飛機起飛後一定
會再回頭繞一圈。我看過好幾次。現在回想起來那種場
面非常壯烈，那些飛行員個個英俊瀟灑，就這麼去送死，
實在很殘忍。

談到停在土堆的飛機，日本人離開後，村裡大人小孩都
去敲成碎片後，拿去當廢鐵賣，非常可惜，如果地方上
有德高望重人士出面阻止，就不至於這樣白白破壞那麼
多飛機了。

謝：如果有人出面，那人可能在二二八時命就不保了，沒人
敢。

連保連坐

談到二二八事件，那時我在郡役所上班，公務人員規定
要連保連坐。二二八彰化不嚴重。高雄等地比較嚴重。
我一個同學在高雄就很緊張，我們只知道他在高雄曾參
與，事後趕緊跑回來。這裡沒有感覺，情況我不了解。

白：我們外埔國小的鍾校長兒子叫鍾燦卿，曾到成功嶺附近

和人一起去偷槍，聽說因為彰中校長保證得以沒事，但他也因此停學。如果能找到他比較清楚。

謝：我在郡役所時，日本人主管對我很好，戰爭期間我們搭五分車去查私米，別的同事都要買票給主管，我是主管買票給我。

日本投降後，他一直要我到他家去，我不敢，因為那時很多人開始打日本人。他也許想把他的財產託我管理，我沒去，等於我辜負了他。如果我去了，可能可以接收很多他的財產，我沒有貪念，也沒有得到這個橫財。

日本人從 8 月 15 日天皇宣布投降，到 10 月 25 日國民政府接收這段期間還是一樣照常辦公，並準備各項移交手續。

接收彰化郡役所的是一位叫陳平西的上校，所有的移交清冊及物品他都不看，只看到清冊上的鐵鎚，日文是寫「金槌」，他命令我們只要拿金槌來就好。

他來接收，只注意找郡役所的財產，完全不管行政的事，不久就捲款逃回中國。

隨後補派郭武恒擔任第一任區長，帶了大概 3、4 個自己人來，都是福建人，和我們的語言相通。其中有兩個一直在縣府任職到退休，另一個人有 11 根指頭的，來兩、三年又回中國去了。

正式接收後所有公文全改用中文，我是學日文的，那位 11 指的教我中文，我把他的公文一件件照抄，半年後集成一大本，碰到我承辦的公文就照著這些範本來寫，我太太又是學校老師，等於家裡就有一位老師，所以很快

就學會中文。

那時公文寫作還是「等因奉此」，剛開始也不知道什麼是「等因奉此抓老鼠」(註5)的。日本的公文是白話，很簡單，寫了就出去。

百萬「土符仔」

談到「四萬換一元」。我當雇員時月薪是舊臺幣4百元。後來有沒有聽到「七洋八洋」？「七洋」是臺北的一家投資公司，一度全臺資金幾乎都被七洋投資公司吸走。後來因為物價波動太厲害，七洋公司倒閉，臺灣銀行印鈔票都來不及，政府就授權各家銀行自己發行支票，我們稱它是「土符仔」。譬如我這家銀行寫1百萬，就表示這張支票有1百萬的價值。臺銀、彰銀、一銀、華銀……等，所有銀行都可以自行發行支票，只用簡單的一張長條紙，它寫10萬就10萬，100萬就是100萬。

陳：怎麼可以隨便寫？

謝：就是這樣，所以各家銀行都賺得不得了。

白：這我沒聽說。

陳：沒有規定行庫需要有多少資產才發行多少鈔票？

謝：沒有。只要能通行就可以。

陳：那要提領現鈔怎麼辦？

謝：也是寫一張「土符仔」給你。所以銀行賺死了，譬如你原先存款1百萬，銀行就寫一張土符仔給你，就是1百萬，你存款1百萬，明天價值剩不到50萬，我就給你

　　一張 1 百萬的支票就可以了。

陳：您們的薪水怎麼發？

謝：也是銀行發給「土符仔」，他寫多少就是多少。4 百元而已，根本無法生活。幸好我家務農，生活沒問題。

陳：一個月薪水買不到一斗米。

白：還好期間不長。

陳：那裡，一直到美援來了之後幣值才穩定下來。

謝：對，美援之後才改善。

陳：約有 6、7 年的時間。那您們同事如何生活？

謝：很多人辭職，其他單位我不知道，像我們學農的，有人去從事食品加工。其中有一個人去做番茄醬，你知道他們番茄醬其實是用南瓜做的。

　　說到這裡我想起我父親從日本時代就是製糖會社的包工，也就是臺糖公司的承包商。利潤不錯，日本時代如果不應酬的話每年賺個 1 甲土地沒問題。有一次父親到溪湖糖廠領一整布袋的土符仔回來，交代我放好，我把它放在老家半樓上之後竟然忘了，後來想起來拿去換不到幾塊錢。

　　三七五減租時我還只是小職員。政府發實物債券及股票有印象。

　　那時父親剛和伯父分家不久，父親約分得 6、7 甲地，多數是租給佃農耕種。父親在稍早聽到風聲，他心想弟弟還小，我是老大也才剛離開學校不久，因此他和佃農商量，大家四六分，總共要回了離家較近的 4 甲多土地，較遠的就讓它去放領。等於自己處理掉了。

那時家裡的經濟情況一下子掉下來，為了家計，我父親去向製糖廠買糖，放在原先養牛的「牛稠間仔」，又怕糖放久了會變糖膏，還去買粗糠來覆蓋，事後賺了好幾倍。

那段時間大家的生活都很苦，我們雖然算是好的，也很苦，真的很苦。

註1 賴樹旺，彰化市人，除務農及開設牧場外，曾任彰化縣議會第二屆至第五屆議員；彰化縣農會第二、三、四屆理事長；臺灣省議會第三屆議員等職。

註2 軍中規定摺棉被要摺得方方正正，形狀似豆腐干，被單又是白色，更像，因此阿兵哥通稱這種棉被為「豆腐干」。因棉被是軟的，要摺成有稜有角的豆腐干很不容易，很多新兵視為畏途。

註3 日本人的正坐是指跪坐坐姿，從膝蓋到腳尖緊貼在塌塌米上，腿180度彎曲，屁股放在腳背上，後背伸直。此外，據謝正榮的示範，右腳拇趾必須貼在左腳拇趾上，他說，這一點現在很多日本人也不一定知道。

註4 1943 年 5 月 29 日，駐守阿留申群島的日本守軍約 2600 人經過激戰後全體陣亡。日方首次使用「玉碎」一詞取代「全滅」的說法，以後凡指揮官自殺（通常全員跟著自殺）均名之為「玉碎」。當時聯軍攻打日本是採取「跳島戰略（Island hopping）」，菲律賓及琉球都遭到很嚴重的轟炸後登陸，臺灣幸而被跳過，災情較小。

註5 早年公文寫作，繁文贅字很多，每件公文必以「等因奉此」作為承接與總結，因而以「等因奉此抓老鼠」形容公文寫作的繁瑣。

受訪者背景

受訪人：謝聰敏
性別：男
出生年月：1934 年 5 月 2 日
訪問時間：2010/9/29
地點：臺北市
訪問人：陳婉真

謝聰敏先生係彰化縣二林鎮人，臺大政治系、政治大學政治研究所畢業。曾任第二、第三屆立法委員，總統府國策顧問。他於 1964 年與彭明敏、魏廷朝起草「臺灣人民自救宣言」，主張臺灣前途由臺灣人自己決定，被判處有期徒刑 10 年，1970 年出獄；1971 年又因花旗銀行案入獄；前後入獄時間長達 11 年又 6 個月，坐牢期間曾遭受酷刑。

1979 年赴美，因美麗島高雄事件發生，在海外積極聲援而成為黑名單。在島內因政治立場不同被關；到海外又被關在國門之外，像謝聰敏這種遭遇世間少見。黑名

單解除後返臺。在美期間，他將許多戒嚴時期白色恐怖受難者
的故事寫成專書《談景美軍法看守所》（臺北前衛），是揭發
國民黨早年惡行的重要著作。

1992年，謝聰敏在故鄉二林競選國大代表時，遭到二林黑道圍
毆入院，他控告黑道行徑，卻遭反控，事後寫一本《黑道治天
下》（1995），詳述國民黨政權與黑道勾結治國之本質。

2000年政黨輪替後，陳水扁曾宣示拉法葉案「動搖國本也要
辦」。時任總統府國策顧問的謝聰敏很認真的去追查真相，卻
一再遭受阻力，並因而退出民進黨。他支持一位記者將追查的
情況寫成書：《誰動搖了國本──剖析尹案和拉法葉弊案盲點》
（2001）（註1）。

有關他的事蹟，前國史館館長張炎憲以多年時間訪談，編著成書
《臺灣自救宣言──謝聰敏先生訪談錄》（2008臺北國史館）。
早年白色恐怖受難者出獄後，無論社會與家庭的接納，都遭遇
到很大的困難，謝聰敏先生擔任立法委員期間，特別致力於推
動戒嚴時期不當審判受難者的平反與補償，並持續關心許多受
難者財產遭到沒收追討無門的問題。為此，他鍥而不捨的到監
察院追究戒嚴令頒布之不當。案經監察委員黃煌雄、劉興善及
葉耀鵬受理並提出調查報告，2010年8月11日經監察院司法、
獄政、國防及情報委員會通過，認為當年發布戒嚴程序可能有
瑕疵。因為戒嚴令並沒有經過總統（李宗仁）簽署公布（註2），
並主張本案應由司法院大法官最終認定相關法律效力。

近年來因感體力漸不如前，經醫師診斷結果發現，由於在獄中
被施以一種雙手在背後交叉吊起來的所謂「揹寶劍」酷刑（謝
聰敏名之為「鳳凰展翅」），導致雙手與肩膀相連處脫臼，謝
聰敏只知道自己雙手提不動重物，竟然脫臼30多年而不自知，
可見他對疼痛的忍耐度異乎常人。

我在國民小學四年級以前受的是日本教育，四年級那一年都在躲空襲，五年級以後才開始讀中文。

影響至深的二林蔗農事件

小時候印象深刻的是二林蔗農事件（註3）中農民與日本警察打鬥的事。印象最深的人物是謝南光。據說溪洲糖廠在二次大戰中被美軍轟炸，連燒了好幾天，滿天瀰漫焦糖的味道，熊熊的烈焰連二林都看得到。傳聞當時謝南光因為和美方關係良好，曾搭美國軍機由空中俯瞰。

戰後，謝南光曾擔任盟軍對日管制委員會中方代表團團員，一度國民政府對他很禮遇，我小學五年級時，他返回二林老家，國民政府還發動鄉民排隊歡迎，我也和鎮民去聽他演講，但因為個子小，即使爬到窗子上，還是看不到什麼。

有關謝南光的歷史評價，各有不同看法。根據謝南光哥哥的兒子說，日治時代他家因為謝南光的關係被日本人搜索；戰後不久雖然和政府關係不錯，等謝南光投共後，家裡又被國民政府搜索。

我家對皇民化運動很反感，因此，我們沒有改日本名。尤其日本人強制解散謝氏宗祠，更加深父祖對日本人的不滿。

從小家中要我們讀的是《三字經》、《人生必讀》、《幼學瓊林》等，我也讀《水滸傳》及《三國演義》等小說，三國及水滸都是從謝南光哥哥家借來的。我從《水滸傳》中了解傳統農業社會的問題，和二林蔗農事件一樣，兩者都讓我對於抗爭的政治開始感興趣。

二林蔗農事件資料照片（謝聰敏提供）。本資料照片為謝聰敏於一位曾任台大外科主任的
洪姓友人家中所見而得以出土；二林蔗農事件發生於 1925 年，洪醫師表示當時他 19 歲，
曾騎腳踏車去觀看，謝聰敏並曾介紹民視採訪這位洪醫師。

　　我父親是生意人，在二林開「柑仔店」。叔父是醫生，
原先在大連紅十字醫院，後來到瀋陽開業。從小祖父就告訴
我，臺灣太小了，滿洲很大，等我學校畢業後也要去滿洲。
祖父因為年紀大了，看報紙不方便，關於中日戰爭、國共內
戰等消息都要我讀報給他聽。不過當時對於國共雙方沒有特
別的印象，只關心阿叔的安危。後來叔叔經由上海回臺灣，
在上海時特別去拜訪因二林蔗農事件留在中國的李應章先
生。

啊，這就是戰爭

戰後有一件事至今印象深刻：從前高高在上的二林街長是日本人，竟然被綁坐在二林街役所附近房子的柱子邊。當時心中深深感受到：「啊，這就是戰爭，日本人戰敗了……。」

戰爭末期我們都是由老師帶著躲警報的。日本投降時，老師帶著我們工作，聽到談論「玉音放送」的事，小孩子並沒有特別的感覺，回到家裡講時，被哥哥罵說日本那有可能投降。

我對戰爭的印象很模糊。只記得慶祝新加坡被日本「陷落」（占領），學校發給每個學生一個橡膠球，拿到球時很高興。

另一個印象是，因為戰時燈火管制，平時店門都要關起來，有人敲門才開門讓他進來買東西，從外面不能被人看到店裡的光線。父親於是用平日供人膜拜的大幅觀音神像把它全面塗黑，掛在窗子上當窗簾使用。因為日本人禁止臺灣人拜拜，父親批來賣的觀音神像不能賣，只好廢物利用作窗簾。

我們的店裡也賣酒，印象中的大人世界就是大家圍聚在神祕塗黑的店裡，坐在椅頭仔，邊喝酒邊抽菸邊膨風（吹牛）。

我姑丈蔡淵騰是二林蔗農事件的領導人之一，為了蔗農事件也曾被關。戰後蔡培火先生為了選舉來二林演講，姑丈作陪。小孩子的印象中，蔡培火鬍鬚很長，穿長袍，演講會場氣氛很熱鬧，我從頭到尾都在場聽演講，卻不知道他們說些什麼。這是我的民主政治初體驗。

戰後剛接收時，二林地區中國兵很少，把日本人街長綁在路邊的就是他們，和日本人的威武恰成反比，中國兵穿著邋遢，穿草鞋。不過沒什麼特別好感或反感。

黑道的故鄉

我們二林地區從前有 13 庄，其中 12 庄都姓洪，只有在「路上」這一庄姓謝。1 庄要對抗其他 12 庄，你可以想見大家一定要很團結，幾乎人人都要習武，參加宋江陣，所以體格都不錯。

戰後有一些年輕人常到臺中的酒家，聽說每次打架都打贏，二林人很會打架的英雄故事就這麼傳開來。

其實鄉下人有時只爲了一角銀就打得流血流滴。店門口也常有人借酒裝瘋前來鬧事，我母親娘家有一個親戚當過警察，母親就去請他來，拿著日本軍刀坐鎮在廟口（我家雜貨店就在媽祖廟對面），流氓就不敢來搗亂了。

這些流氓後來演變成選舉時國民黨所把持地方派系豢養的椿腳。我選舉時就被我小學同學洪清良的爪牙拿鋤頭柄打破頭，從此我不願再住二林，即使選區在彰化，我也住在彰化市。

爲什麼一個那麼純樸的農村會演變成黑社會的基地？我曾聽說，一位二林的女學生在課堂上被問到家鄉有什麼特產時，她竟然說是「黑道」！

二林人都知道，洪清良在選舉時都派手下到各投開票所監視。一位住外地的女子返鄉投票，洪的手下立刻打聽這是

那家的女兒？票投給誰？查不出來的話就以竹竿黏膠水到投票匭裡把票黏出來查看；鄉下人如果敢不投給他們的候選人，走出投票所就被修理！選舉可以這樣買票、選舉暴力可以演變到這種地步，這樣的民主政治有什麼尊嚴可言？

二二八我沒有參加。只知道鄉裡有一位留日的拳擊選手洪欽茂是地主的兒子，娶日本人為妻，戰後在學校教拳擊，是全國裁判；他弟弟是牙科醫師。二二八事件發生後，他在鄉裡宣揚說臺北出事了。另外有一位陳能波剛從南洋當兵回來不久，在街上以「喊筒」(註4) 到處叫嚷。事後國民黨展開「清鄉」，陳能波被抓去，從此沒有回來；洪欽茂躲起來逃過一劫。

後來楊逵(註5) 告訴我，二二八時他躲在二林，在我家對面一位曾參加文化協會的蕭醫師家裡待了 40 多天。

二林除了警察局之外，並沒有外省人來接收，一直到 1949 年撤退時才有一些外省人過來。因此，二二八事變二林沒事。

七洋八融融了了

有關於 4 萬換 1 元的事，當時二林多數是種甘蔗的，習慣上大家是以糖易物。國民政府剛接收不久，有人從中國過來成立「七洋」投資公司，因為紅利很高，吸引很多人投資，但不久就倒閉了，變成「七融八融」錢都融了了，很多糖行倒閉，家裡也被倒了一些錢。

原因是父親的柑仔店也做米糖生意，因為深受鄉人的信

任，一向他們都是到糖廠繳糖，拿到「糖單」之後就寄放在我家，父親先付款給農民，並隨時注意糖價好時，就幫他們賣出，等他們出來時再來結算。但因為物價大波動對全臺灣工商業傷害很大，我們鄉下的消息很慢，只能看報紙才知道行情，錢又要先付給農民，投資失利的，我們要賠，後來父親就不敢再做了。那時還小，只知道上手倒閉，我們也賠了不少。

我看二林蔗農事件的文獻中，發現其中一位地主是謝財，我阿公也叫謝財，但因為蔗農事件是發生在我出生之前 10 年的事，因此無法確定。我也沒聽父親提過這事。不過我姑丈蔡淵騰確實是因為這事件被關。

從小阿公要我到滿洲發展，那時還沒有什麼國家觀念；二二八之後慢慢有一些轉變，等到國民政府撤退到臺灣，聽老一輩談到被外省人欺負的事；到大學時，在臺大圖書館借到謝南光寫的《臺灣人的要求》，才知道日治時期的民主運動，才開始積極去研究；中學時代大人常說國民黨很會貪污，那時就對貪污非常反感。

至於我第一次感受到「白色恐怖」的恐怖是在中學時期，我們在彰化租屋，有一次期中考試的最後一天，我和另兩個同學一起到臺中看電影，回來時 3 人一起搭野雞車，在大肚溪橋被擋下來，要我們出示身分證。我們只是去看電影，那有人帶身分證的？因而被扣留下來，其中 1 人回去拿來驗明正身之後，還要做筆錄！明明我們身上還帶著那部電影的「本事」(註6)，卻要查看我們的身分證，還要蓋章，還被扣押，等做完筆錄回到租屋處已經快天亮了。這是我第一次的戒嚴

經驗。我也曾聽說臺中一中及彰化中學都有學生失蹤。

比納粹還狠

　　我讀過「林肯傳」，立志做律師，後來又讀盧騷《懺悔錄》及西方小說，才想作思想的啓蒙工作。所以，反貪污、反司法不公一直是我努力的目標。我當立委時就不斷爲白色恐怖時期的受難者請命，終於通過了「戒嚴時期不當叛亂暨匪諜審判案件補償條例」。我後來又替財產被沒收的政治受難者請命，卻遭遇到很多困難。爲此，處理白色恐怖案的基金會曾經召開研討會，會中一位德國學者說，納粹時期也沒有沒收猶太人的財產。

　　我曾經提請司法院大法官會議解釋，大法官不敢受理。我後來向監察院提出戒嚴令違憲的請願案。

一位關心謝聰敏的牧師到臺灣，特地去看謝聰敏當年被囚禁的牢房，雖然事隔30多年，謝夫人邱幸番女士（中）頭一次看到那間斗室及高牆，忍不住哭了。

謝聰敏十年黑名單幸得返鄉見老母親，他回來時母親還有記憶，不久就患了失智症；當年海外至少有 2 千名以上的黑名單，往往因時空阻隔無法回臺見父母最後一面，這種心痛沒有親身經歷的人無法理解。

因爲長達 38 年的戒嚴令發布時總統是李宗仁，而那時李宗仁已經被免職，因此，該戒嚴令並沒有經過總統公布，違背憲法的規定。連帶所有依據戒嚴令發布的各項法律命令全部無效。

曾經擔任過法務部長的施啓揚說，眞要這麼做，臺灣的司法會因負荷不了而「當機」；不要說其他案子，光是退還沒收的財產一事就可能要編列幾千億的預算。這些被沒收財產的受害者中，臺灣人、外省人，甚至國民黨裡的人也有，所以我推動這些案子時，起初國民黨試圖阻擋，到後來阻擋我的人反過來拜託我積極去做。

謝聰敏於 2000 年底前往巴黎時，接受法國巴黎第四大報《解放日報》的訪問談拉法葉案，並成為該報封面故事。

至於我們當年的自救宣言，我只是希望把事實講清楚。我參考共產主義者的思想寫成一篇宣言，因為魏廷朝文筆比較好，我就請他潤飾，不過他沒有改；後來彭明敏教授說文章不要太長，就把文字減為 1000 字。不過，在送印刷廠印刷途中，就被人檢舉而全遭查扣了，所以我對臺灣人沒有什麼信心，陷害我的都是臺灣人，我到外面時，連人家端來的茶都不太敢喝。

註1 拉法葉案指發生於 1989 至 1991 年，中華民國和法國雙方政府高層，在正式簽署拉法葉艦軍購案的過程中收受佣金的弊案，其中最有名的是海軍總部武獲室上校軍官尹清楓，因懷疑軍購案有弊端，赴法考察 3 個月後離奇死亡，使本案成為轟動國際的軍購醜聞。其後臺、法兩國均發生與本案相關人士相繼死亡的「巧合」，人數多達 13 人。

為拉法葉案拜會當年法國外交部部長杜瑪（1999.12.）。

陳水扁前總統擔任立委時，是第一位揭露拉法葉弊案的立委。他當選總統後，於 2000 年 7 月 31 日指示成立跨部會特調小組，宣示「不惜動搖國本，也要查辦到底。」

謝聰敏時任總統府國策顧問，本於職責認真追查本案，卻也因此惹來府方的不悅，總統夫人吳淑珍曾透過第三者表達關心，並建議他最好出國。而謝聰敏為調查本案多次前往法國，剛抵達下榻的旅館時，即接到不知名人士來電示警。謝聰敏不為所動，持續以自己的方法追查本案，是導致本案最終得以追回 8.75 億美元賠償的重要關鍵之一。

拉法葉案關鍵人之一：鍾古夫人（右）。

註2 1949 年 1 月 21 日，因為國共內戰失利，蔣介石發布引退文告，由李宗仁代行總統職權。

謝聰敏在《轉型期的不義》文中指出：

「根據中華民國憲法第 39 條規定，總統依法宣布戒嚴，但須經立法院之通過或追認。臺灣省警備總司令陳誠在 1949 年 5 月 19 日佈告臺灣戒嚴。依照戒嚴法第 3 條第 2 項的規定，陳誠必須按照程序呈請上級，提交立法院追認。當時臺灣既無戰爭，亦無非常事件，陳誠也未曾提交立法院追認。無論實質上或程序上，陳誠的戒嚴都是違憲。」

「1949 年 7 月 7 日，李宗仁總統下令 3 地區及 6 省戒嚴，臺灣、新疆、西康、青海等省仍未予戒嚴。當時蔣介石已辭去總統。行政院通知臺灣戒嚴是在 1949 年 12 月 28 日。但是 1949 年 11 月 21 日至次年 3 月 1 日，李宗仁總統已經離開中國，未發表任何人代理總統。

李宗仁總統未公布臺灣戒嚴，也沒有任何總統宣布臺灣戒嚴。行政院在 1949 年 12 月 28 日通告臺灣戒嚴，也違反憲法第 39 條及第 43 條的規定。」

「1950 年 3 月 1 日，蔣介石在臺北宣布復職。辭職總統如何復職，中華民國憲法實無『復職』規定。『復職』的辭職總統在 3 月 8 日任命陳誠為行政院長。陳誠院長在 3 月 14 日提請立法院追認 1949 年 7 月 7 日李宗仁總統宣布之未包括『臺灣』在內的戒嚴。但是立法院卻將李宗仁總統未宣布之『臺灣』戒嚴案夾帶作弊，一併通過。」

註3 指發生於 1925 年的農民抗爭運動。臺灣俗語說：「第一憨，種甘蔗乎會社磅。」指的就是製糖會社剝削蔗農，經常偷斤減兩，農民屢次抗議無門。1925 年 10 月 22 日，二林糖廠在日警戒護下，強行採收甘蔗，100 多位蔗農群起反抗，與警方和臨時收割工人發生衝突，蔗農奪下日本巡察的配刀，只有 9 名警察輕傷。但事後警方藉機逮捕蔗農及文化協會成員，原本包括旁觀者在內不過 200 多人，後來竟逮捕 400 多人，並移送 47 人到法院審判。日本「勞動農民黨」十分同情二林蔗農，派了 2 名律師來臺幫忙辯護，而文化協會亦派 2 位律師擔任辯護人出庭，最終 25 人被判刑。1927 年 4 月本案結案，李應章醫師被判刑 8 個月。這個事件是臺灣第一件農民抗爭事件，影響日後臺灣的農民運動至深，其他地區紛紛效法。

註4 圓錐狀物，出聲時較細一端放在嘴巴，廣口端向外，以達擴音效果。

註5 楊逵（1906~1985）本名楊貴，臺南新化人，臺灣著名小說家。1922 年楊逵考入臺南州立第二中學校（今臺南一中），1924 年因不滿父母安排與童養媳完婚，退學抗議並前往日本半工半讀，多次參與學生運動及勞工運動，曾因聲援在日朝鮮人的活動而被捕，1927 年應臺灣農民組合之邀回臺，參加農民組合與文化協會的全臺巡迴演講，也因參加農民運動結識葉陶，兩人熱戀並同居，1928 年因農民組合內部路線之爭，兩人被開除，1929 年 2 月，與葉陶準備返回新化結婚時，被日警逮捕，4 月出獄後才結婚。

1932 年，發表日文小說《送報伕》，但只發行上半部，下半部被禁。

1934 年，《送報伕》獲得日本「文學評論」雜誌徵文比賽第二獎（第

一獎從缺），是為臺籍作家進軍日本文壇的先驅。並曾將魯迅的《阿Q正傳》譯為日文。

楊逵的主要作品有《鵝媽媽出嫁》、《壓不扁的玫瑰》、《綠島家書》等，其中《壓不扁的玫瑰》曾被收錄於國中國文教科書。

二次大戰結束後，楊逵持續寫作並介紹三民主義與五四運動以來的中國文學。1949年4月6日，楊逵與葉陶雙雙被捕並被判處死刑，後改為服刑一百多天；1949年楊逵因為一篇《和平宣言》建議政府釋放二二八被捕人士，並主張以和平方式解決

謝聰敏追拉法葉案過程波折無數，一度法國公司揚言提告，幸因謝聰敏時任法務部顧問，才拿得到這張通緝令，不久，檢察長林偕得被調職。

國共問題，遭以軍法判刑12年送綠島監禁，楊逵因而自嘲說他領過世上最高的稿費，只寫了一篇數百字的文章，就可換得12年的免錢飯；他也說，日本時代被關了十多次，加起來的刑期還不如國民黨政府時代一次就關你12年。

註6 舊時看電影時，電影院都會分送觀眾該部電影的情節說明書，稱為「本事」。

我從吃人肉的戰地回來

受訪者背景

受訪人：梁煜堃
性別：男
出生年月：1925 年
訪問時間：2011/2/19
地點：新竹縣竹東鎮
訪問人：陳婉真、陳志成、梁瑄

日本時代曾到新幾內亞 2 年 4 個月，從軍過程極為辛苦，曾目睹軍中同袍吃人肉的狀況，回台後繼續就讀新竹師專，擔任國小教師至退休。

梁老師記憶力超強，訪問時對我們詳細說明在新幾內亞的生活點滴，對於土著（當地原住民族）的食衣住行等習俗有詳盡而生動的描述。語言能力一流，在開南商業學校期間即學習北京話；在新幾內亞期間學會土語，擔任日軍與土著間的翻譯人員；並於 2002 年考取財團法人交流協會的日本語能力認定一級合格。

女兒梁瑄是警察廣播電台臺中台的記者。

我是民國 14 年次。臺北私立開南商業第二屆畢業，當時學校在臺北松山機場旁邊。

那時候家中經濟情況還好。開南商業的學生大多數是本島人，日本人學生很少。創辦人是日本人佐多萬之進，也是校長。

家中從商，父親原本和朋友合夥開雜貨店，由於合夥人之間有點不愉快就拆夥自己開，規模比較小，又碰到戰時日本政府實施「統制物資」(註1)，有錢買不到東西，雜貨店也沒有東西可賣。

家裡共有 12 個兄弟姐妹，我是老大，底下 3 個弟弟、8 個妹妹，食指浩繁，家道有點中落，所以決定去讀高商。我是高等科畢業後再考開南的，等於現在的高職。

只要回 1 ／ 10 未支付薪水

那時去臺大醫院身體檢查，我的體位是甲上，年輕力壯，是當砲兵的角色。但我選擇當軍屬，因爲二等兵 1 個月 8 圓，軍屬月薪 45 圓，差距很大。

日本人的觀念是：「軍人以質素（樸素）爲宗旨」所以薪水很低。我當時家裡需要金錢的援助；另一個原因是我心想當兵要上前線，當軍屬比較輕鬆。

那時候沒有很嚴格的限制，可以自由選擇。原本心想無論當砲兵或步兵都要和敵人直接交戰，當軍屬可以避免，結果都一樣，因爲直接用飛機來轟炸，兩者都不能避免。

軍屬的薪水依學歷而有所差別，我們是甲種高職，月薪45元；乙種中等學校畢業生是 39 圓，相差 6 圓。外加海外津貼 90 圓，我當軍屬每個月可領 135 圓，其中部隊直接交給家裡的安家費是 70 圓，梁瑄有兩個外公，當時兩個外公的薪水合起來還不到 70 圓。

我在戰地初期還可以領 65 圓，戰爭末期就沒有了。我領的錢都寄回家，可是爸爸說沒領到。後期積欠的部分日本人稱之爲「未支付薪水」，終戰經濟復甦後，日本厚生省有補發。日本人和韓國人都以戰時的幣值乘以 1 千 2 百倍計算，只有臺灣人是以 120 倍計算，足足少了 10 倍。我們這兒有些臺灣籍日本兵去日本抗議，要求賠償 4 千倍，有點像獅子大開口，1 千 2 百倍差不多。

我大約在 20 幾年前領了 3 萬 6 千元臺幣，原本應該給36 萬才合理。這事的確不公平，應該要爭取才對。但因爲我們和他們沒有邦交，李登輝那時當總統也沒有幫忙。日本人又規定 4 年爲限，逾期不受理，所以多少也要拿。

新幾內亞當軍伕 28 個月

戰爭期間傳說有吃人肉的，就是我們去的那裡（新幾內亞）。的確是非常艱苦的地方，我們是第 8 方面軍的第 18 軍，是最辛苦的，無論餓死的、病死的、戰死的都很多。

我們原本是簽定 1 年的契約，但是後來回不來。總共當了 2 年 8 個月又 2 天的軍伕。在新幾內亞足足住了 2 年 4 個月。

　　我們是在 1943 年 4 月 26 日，從竹東分搭 4 輛卡車，到新竹火車站，轉火車到高雄，晚餐之後馬上登上貨船改裝的輸送船，直駛馬尼拉。高雄和馬尼拉很近，但為了避開魚雷攻擊，船都走「之」字型，3 天才到達。

　　要說離開高雄時是什麼樣的心情？其實那時候傻傻的，沒什麼感覺。

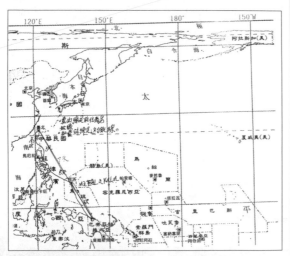

梁煜堃標示之去程與返程路線圖，高雄到馬尼拉 3 天、馬尼拉至聖塔安娜 7 天，聖塔安娜至帛琉 5 天，帛琉至新幾內亞 6 天。

梁煜堃標示新幾內亞戰時日軍基地所在地。

那時菲律賓已被日本占領，我們是住在 Santa Ana Cabaret（聖塔安娜俱樂部）──原是賭場或跳舞的地方，我們在那裡停留 7 天，目的是讓我們習慣熱帶氣候。

和我們同梯的有不少人，也有桃園等地去的。我們部隊是 1 小隊 105 人，加小隊長 106 人；2 小隊等於 1 中隊，213 人；5 中隊就是 1 個團，1065 人，加上正副團長共 1067 人，再加上 16 名負責整團的行政總務等工作的「本部員」，總計 1083 人，全部搭同一條船前去。

在馬尼拉時因為第 2 中隊第 1 小隊的隊長罹患花柳病，被隊長打了兩個耳光，立刻後送高雄，並調我為小隊長。因為我剛畢業，又是全團學歷最高，團長認為我是最適當人選。把我由「本部員」調小隊長，算是平調，薪水也是 45 圓。

接著我們到帛琉，5 天就到了。我們最先到達的地方叫馬拉喀魯島（Malakal Island）。

星與錨的相剋

在帛琉期間有幾件印象深刻的事。

第一件事是海軍上將山本五十六，時任日本海軍艦隊總司令官，於 1943 年 4 月 18 日搭機到南方最前線的布干維爾島（Bougainville Island）視察，因密碼遭美軍破解，致被攔截墜機殉職（註2），得知這個噩耗，個人感觸良多，而全體官兵似乎都有戰敗的預感。

第二件事是那時有 6、7 個日本海軍士官，都是驅逐艦組員，在西太平洋遭受美澳聯軍的巡洋艦攻擊，巡洋艦是驅逐

艦的天敵，日艦因而採取肉博戰，企圖與敵艦同歸於盡而被擊沉，他們在海上漂流 7 天才被友艦救起，均已疲憊不堪，被送到帛琉海軍醫院就醫。

其中有一位士官，上岸後破口大罵，說陸軍混蛋，原本德國政府曾致密函給日本政府近衛總理，請日方動用駐紮在滿州的關東軍，從蘇滿國境攻打蘇聯，德國再從西方夾擊，一舉將蘇軍殲滅，以杜後患，但因日本中了蘇聯計謀，和史達林訂互不侵犯條約，又聽信蘇聯的話，說南洋有錫、橡膠等，導致日軍陷於太平洋諸島國，而蘇軍又可全力調兵去打德國，造成德軍腹背受敵。

可見在戰事緊張中，即使同是日本兵，也因為分屬不同軍種，而發生這種星（陸軍）與錨（海軍）的相剋。

另一件則是我在執行公務中發現有嚴重勞逸不均現象。簡單說，有的人搬運 5 百公斤重的炸彈而衣破肩腫；有的人則躲在旁邊抽菸閒聊，我以小隊長的身分要求重新分配工作，對方不服，遭到圍毆。所幸當時還年輕體壯，並未受到嚴重傷害。

戰爭期間日本陸軍很強，其中又以關東軍最強，其次是臺灣軍，最弱的是京都，他們叫第 8 聯隊。

日本攻打珍珠港之前，在中國大陸的戰場上諸如滬寧之戰、武漢作戰等，臺灣軍也參加。南京大屠殺有沒有臺灣軍我不知道，我到現在都還沒有到過中國大陸。

我們在帛琉足足做了兩個月的裝卸工作，照規定小隊長和中隊長不必工作，我在那裡卻多待 40 天，總計 1 百天。原因是我患了「Ａ型副傷寒」，症狀是發燒，無法大便，我們

的團沒有軍醫，幸虧有兩個醫務助手在船上處理，徹夜看顧。

因為帛琉地方很小，島上無處可住，所以我們都住船上。

帛琉非常好，各方面都令人羨慕，他們的文官全身著白色制服，帽子也是白的。早上 8 點上班到 10 點就下班，午休時間很長，一直到下午 4 點再來上午班，6 點就下班；那兒早在第一次世界大戰後德國人戰敗，就把帛琉交給日本，稱為「委任統治地」。

回過頭來談生病的事，我的運氣特別好，好像冥冥之中有天佑。我是陸軍，本來是要送到陸軍醫院，但陸軍醫院什麼設備都沒有，加上人滿為患，輪到我時，就把我送到海軍醫院。那裡各方面條件都比陸軍醫院好，也比較舒服。只是這種病那時候沒有什麼特效藥，每天只能吃流質食物，我就喝稀飯裡的米湯，配醃蘿葡苗，就這樣熬了 40 天才好起來。

沒有「玉碎」被「現地自活」

我生病時，我們的部隊早已開拔，其中有 4 個中隊到維瓦克（Wewak），第 5 中隊是最優秀的一隊，到荷蘭遮（Horanja）（註3）去。那裡是天堂，沒有炸彈，管理軍需物資等，算是聯勤的工作，好得不得了。想不到後來卻被登陸，死了很多人。因為是拂曉攻擊，他們沒準備。

我們原先預想聯軍一定會登陸，地點就在維瓦克，因為算定他們一定會來，事先把吃的、用的，如蚊帳、衣服、軍鞋、酒等，所有物資裝備都燒掉，我們一個晚上都沒睡覺，但始終等不到。經過一段時間隱約聽到遠處有砲聲，原來他們改

從荷蘭遮登陸(註4)。

第二天，聯軍從飛機上散發日文傳單下來，引用日本諺語說：「君子不與牛鬥力」。這是歐洲諾曼底登陸的故技重施，避開重兵集結地，改在我們意想不到的地點登陸，那時制空權及制海權都已掌握在聯軍手裡。

美軍登陸以後，要我們全部到山上「現地自活」(註5)。

我們的軍司令官名叫「安達二十三」中將(註6)，是一位很好的中將，麥帥登陸前他特別下令叫我們不要「玉碎」，他說：「玉碎雖壯，尚易；然，由漸減而至完滅，是非常淒慘而不容易做到的事。」

他說，我們全體退到山裡，今天少3個，明天少5個，最終到完滅，這是比「玉碎」更難的事。

他也告訴我們說，留一個日本兵在這裡，就可以牽制7個美軍登陸日本本土的人馬，可以分散聯軍的兵力。但，他說，若退到無路可退，仍請大家勇敢為國犧牲。(註7)

像這樣叫人不要「玉碎」的好像只有兩個，其他人都不敢講。我們的直屬長官岩切上校60幾歲，宣讀這道命令時我在旁邊聽，看他讀得都流眼淚。讀完後他還是叫我們要決心一起死。大家齊聲說「好」。

我們的自謀生活總共過了1年多。他們配3個部落給我們管理：「史灣達滾」、「拉悶達滾」，另一個比較小的部落叫「馬布林卡」。本部在拉悶達滾，因岩切上校被派到山中，以防敵軍經由金沙江從後方來攻打我們，結果我們6050部隊沒人管，成為軍司令部直轄，我也成為高級傳令兵，還代表本團直接去司令部領兩次命令。

　　我的上面還有一個中隊長，但他膽小如鼠。因為司令部在山裡，他如要傳令領令，必須要經過別人的部落過夜，睡在他們的床下，地上鋪著膠布、掛蚊帳睡，如果他們要我們的腦袋，十個都被他拿走。其實土人很友善。新幾內亞很特殊，既無毒蛇猛獸，也沒有鱷魚。

　　本來軍中有規定，要到軍司令部只有尉官才有資格；司令是上校的話，上士就可以。不過司令官很好，像我們的爺爺一樣。我那段期間大部分就做這個工作，上頭發布口達命令，我都記起來，複誦，避免傳錯。從頭到尾做到零失誤。

　　有一次其他隊就發生來領令的人官階較低，副官問他，你們部隊沒有曹長嗎？答說有。「明天開始換曹長來。」副官說。到我前面時他卻說：「你可以繼續。」

罰賠兩隻豬

　　所以我沒有官階，形同傭人，是最低的職位。常常碰到下士官都沒向他敬禮。

　　有一天我路過海邊的機場，碰到好像是曹長或見習士官，沒向他敬禮，他叫我過去問：「你是軍屬嗎？」

　　「是。」

　　「待遇呢？」

　　我說我是判任官（委任官）待遇。他覺得怎麼傭人也是判任官？和他同級？他們也搞不清楚。因為他剛從滿洲過來，學校剛畢業，看我打赤腳，大概以為我是高砂兵，反而怕我。我們的確也是夠格的。

有人說軍屬職位比軍狗還低。其實不會，當軍屬之後要考的話，馬上變薦任官。

這中間也有一些趣事。

我們常常去偷倉庫。那時日本兵的情況是，只要你偷的時候不被看到就沒關係，所以常有人去偷，諸如清酒、食物等，其中最難偷的就是鷹牌煉乳，因為煉乳被衛兵堆起來當床。衛兵有 3 個，每一班都有 2 人巡邏，1 人睡覺。

我們裡面有一個大賊王，他揚言要去偷煉乳。我們看他拿著布袋及 1 把螺絲起子，並在沒搬動床的情況下，以螺絲起子把裝煉乳的木箱翹開，不但拿了煉乳，連桌上巡邏用的手電筒及衛兵的軍靴都偷了，導致下一班巡邏的衛兵找不到手電筒，連靴子也沒有。這麼一來，因為地上滿是鐵釘及炸彈碎片等，衛兵也不敢追了，都是自己人嘛，也不敢開槍。

我們和新幾內亞的土著一向關係都不錯。因為他們曾經和澳洲人打仗，一直受到外來者的欺負，澳洲兵還會強暴他們的婦女，日本人對他們最好，而他們也很尊敬日軍。所以在自謀生活期間，我們實際上還擔任部落的維安與協調工作，我當宣輔班長並兼任通譯。

我們從一件事情就可以看出當地人生性單純可愛的一面。

有一次，一個男人和大舅子的老婆有染，雙雙鬧到本部來。我們就問這大舅子想要怎麼辦，大舅子說：「妹夫欺負我老婆，我就找他老婆！」在新幾內亞的習俗，只要兩造同意，他們是可以換妻的，但這事會造成亂倫，我們當然不准。後來以罰妹夫賠兩隻豬了事。

臺灣人是戰勝國的俘虜

談到日本投降。起先大家只知道長崎和廣島被投了可怕的炸彈，因為那時的司令部只剩下一部收信機，不能發信，不知道是原子彈。我們也不知道戰爭結束，照常出去找食材，還要吃東西嘛。

過了3、4天之後，我們在做樹粉（註8），這時一個日本兵從我們前面經過，告訴我們說你們不用那麼認真，戰爭已經結束了。我們不相信，要打他，擾亂軍心嘛。因為他只說戰爭結束，沒講投降。他拼命跑。趕著到別的部落去傳話。

沒多久就接到命令，要我們停止作戰，原地待命。

待命時聽說岩切上校回到很遠的一個部落，隊長就帶著我和一位吳隊員，背著粉狀米漿、粉狀醬油各一包，3人去看老長官，路上碰到蚊子山，那種蚊子很厲害，成群結隊，軍服是厚厚的卡其布被照叮不誤。我們只能拿著樹枝一路打過去，很恐怖，現在講起來都還會起雞皮疙瘩。

老長官見面第一句話就說：「你還活著？」令人不勝唏噓。

待命期間有十幾天，因為一下子處理不了，十幾天後我們從山上下來，花兩天到維瓦克，向美澳聯軍繳械投降。

聽到日本戰敗，我沒有哭，也沒有什麼特別的感覺。我只覺得日本如果沒有戰敗，我可以得好幾個勳章。

投降後我們和司令官安達二十三同船，到維瓦克北方的一個小島被收容，成為俘虜。

照理講，我們既然回歸中國，臺灣人應該屬於戰勝國國

民，但因為我們學問不夠，連學歷最高的一位臺大醫師，英語也不好，無法表達。

船行途中，司令官坐船尾駕駛邊的下邊，一個澳洲兵坐在他上面，雙腳在他頭上晃啊晃，非常沒有禮貌。澳洲憲兵則忙著搜刮同船的日本軍官，舉凡身上值得紀念的，如千人縫、錶、鋼筆、寶刀手把……，凡是值錢的、有紀念價值的都被拿走，司令官含著眼淚，堂堂日本帝國軍官眼睜睜讓澳洲小兵搜身而無法制止，他的神情顯得非常悲傷。

最特別的是，即使在自謀生活過程中，我們也一直沒有缺糧過，只有在這時候嚴重缺糧。原本每一個包裝壓榨口糧（四方型，兩個罐頭合起來的大小。）是每人每天1盒才夠吃，聯軍卻是7天才給3罐，糧食嚴重不足，只好檢椰子殼挖裡面的椰肉來吃，或是吃番薯葉，也曾用木瓜根，配少量配給的起司和奶油去煮，沒營養，豬吃都不會長大，騙肚子而已。

何以如此？是澳州兵尅扣？或是日本人囤積？不知道。總之有3個多月之久沒得吃，有時只好到海邊檢寄居蟹，肚子餓到連撒尿都沒力氣。

4 個吃人肉的故事

接著談我所知道吃人肉的例子。

第一個例子是我們派出去的團員回來報告，說在山裡看到美軍俘虜被綁在大樹上，日軍命令「初年兵」（新兵）去練習劈槍術，就是用槍上的刺刀練習劈刺，目標心臟，刺死後分解，上肉炒或炸成天婦羅，佐官以上才可吃，是配酒菜；

其他比較不好的肉如手腳，分給尉官吃，下士官吃骨頭高湯。

這種行為不一定是因為食物缺乏，是故意的，太噁心了。我們團員中一位名叫謝火爐的，有客家硬頸精神，說要將這種事告訴聯軍。

戰敗之後日軍寢食難安，畢竟除了良心的苛責，更怕被審判。

為此，在下山投降前，日本長官特別在半途很多人會合時，下令找演藝人員演戲給大家看，以安撫我們，並嚴格封鎖新聞，謝火爐仍說下山投降時要告訴聯軍那個部隊吃人，但因傳達的團員跑到下坡向他下跪拜託，結果沒講。

第二個例子是日本人吃日本人。

一個晴朗的早上，有個司機帶著助手開卡車，沿海邊由北向南前進。突然聽到兩聲槍響，以為敵軍登陸，結果是司機中槍，當場死亡，助手沒事，趕緊跳下來躲到草叢，細看才知是日本兵，因為維瓦克南方遭聯軍攻打，戰敗殘兵由南方往北走。

助手看到二、三個日本人把司機的屍體拖回去，他尾隨在後，看到一個軍官，約是中尉，底下有十個人左右，搭個臨時帳蓬，司機被拖到裡面去。

助手趕緊開卡車回到司令部向上面報告，司令部立刻下令憲兵化裝為敗軍至案發地，假裝從前線退回來，缺糧，請他們分點東西吃，那個隊長說：「好，給你們山豬肉。」

憲兵隨即看到一個裝餅乾口糧的木箱，周圍用錫箔加封以防濕氣，人肉就醃在箱子裡，箱子一打開，憲兵就吹口哨，

其他好幾個帶槍憲兵跳出來，喝令不許動，全體都被抓起來槍斃。

那是戰時發生的事，新幾內亞有很多次戰役，他們那邊是後方變前線，打敗仗不敢回去。因為這件事，軍司令部下一道命令：「食友軍之肉者處以極刑，食敵人之肉者，無罪。」

確實有這個公文，投降後我親手把這份公文燒掉。

此後司令部的日本兵，看人的胖瘦不再說對方有幾公斤重，而改稱有幾個「飯盒子」，例如看你這個人很瘦，就說你大概是 20 飯盒子（可裝 20 個飯盒子的肉）。這是戰時軍司令部流行的玩笑話。

第三個例子，竟說人心可治不孕

激戰期間我常提早到司令部領命令，常碰到一位擔任對空監視員的軍曹山田中士。因為我不抽菸，軍隊配給的菸我就送他，他也會回送一些白菜等蔬菜給我，彼此成為很談得來的朋友。

我那時改日本名字叫吉浦信夫。一天，山田拿一個瓶子，裡面裝粉末，問我：「吉浦，你要不要吃這東西？」我問他是什麼，他說是俘虜心臟。做法是取心臟後經過 3 蒸 3 曬，再磨成粉。他說：「你是我最好的朋友才特別拿出來請你吃。」我說：「臺灣人不吃這東西。」因為我小時候祖父就教我們人肉不能吃。

我問他：「軍曹殿，裝瓶作何用？」

他說：「我要帶回故鄉讓我老婆吃。因為聽說吃人心，不孕的人也會生孩子。」

我說：「你太太怎麼敢吃？」

他說：「我會騙她這是補藥，不讓她知道真相。」他自己也沒吃，是特地製粉要帶回去給太太吃的。

後來麥帥登陸，山田奉命到前線，還未到前線時就精神錯亂而死。所以人肉不能吃。

差點淪為俎上肉

第四個例子，差點淪為俎上肉

部隊有一個信義鄉頭目的兒子，叫檜杉明，約 21、2 歲，日語一流，也會講閩南話，是劉醫官帶來的醫務助手。他是神槍手，天上的鳥都打得到。

有一天接到軍司令部的命令，要我們派 20 個會做樹粉的人到司令部做樹粉給他們吃。團長就派檜杉明帶 20 人去，經過一段時間，因為有人生病受傷等，樹粉做不出來。

這時司令部一個小隊長叫福田，就是在帛琉因勞逸不均圍毆我的主使者，是一個流氓。他是我團派出去的小隊長，檜杉明是他的副手，他就命令檜杉明把做不出樹粉的人吊起來打，怎麼打還是做不出來，反而讓這些被打者心生怨恨。

後來福田吸毒，脾氣變得喜怒無常，司令部下令，要檜杉明把他除掉，檜杉明先為他打針，沒斷氣，接著命 4 個人各壓手腳，由檜杉掐住脖子，硬把福田弄死。

這就是他們的算計，假借檜杉明之手，以番制番比較快。

不久，他們被調回本部，檜杉明因為打過很多人，大家不和他一起，回程時變獨行俠，一個人回來。

　　回程途中要越過一條小溪，那時太陽已快下山，碰到3
個日本軍人，搭著臨時帳蓬，問檜杉明到那裡，答說要回拉
悶達滾，3人說他們也要到同一個地方，現在天色已晚，何
不先留下來，明天一起走，晚上他們請吃肉。檜杉覺得有道
理，同意留宿，以身上帶的厚雨布當帳蓬。

　　在等待期間，檜杉明先是聽到磨刀聲，又聽到日本人說
差不多是動手時間，檜杉明趕緊空身逃跑，3個人在後面緊
追，因為怕他傳出去。最後因檜杉明是原住民，身強體壯，
被他逃過，一路形同乞丐回到本部。

　　因為檜杉明很會打人，惡名傳遍，沒有人和他做朋友。
只有我跟我的最好朋友吳金盛先生收留他（吳先生是新屋人，
後來在臺東馬蘭開碾米廠，事業有成）。因為我們有很多茶
園，食物沒問題，我天天和檜杉明去打獵，他就帶我們到森
林裡。他是神槍手，每天都有鳥可吃。我們兩人中午現打現
烤一隻鳥，檜杉明吃尾巴，我吃頭，中間一人一半。原本他
回來時瘦巴巴，身體很不好，因為有得吃，體力慢慢恢復。

　　後來盟軍方面要追究吃人肉的人。因為他們聽到的傳聞
太多，我說的只是我知道的部分，別的地方也有。

　　為此，司令官安達中將帶著兩個副官，去拜訪聯軍司令
官 Robertson 少將，向他道歉。

　　少將問何事道歉。中將說：「聽說我的部下有吃人肉的
事，因此來道歉，我要負起責任切腹自殺，請不要再追究。」
安達中將這人很優秀。

　　少將問他自己有沒有吃？中將說沒有。他說自己本來就

是士族（武士）出身，受良好教育。他講了一句諺語說：「鷥鳥再渴也不飲盜泉之水；武士再餓，也會剔牙裝吃飽。」

「你沒吃沒你的事，我要追究的是眞正吃人肉的人，你請回。」少將說。消息傳出後，吃的人寢食難安，怕被抓去澳洲接受軍事審判。

後來一位英國女特派員發表一篇文章，認爲吃人肉的行爲是因爲戰爭所造成，假如沒有戰爭，她相信這些人一定不會吃人肉。結論是吃人肉不是個人的罪惡，而是戰爭的罪惡。

澳州因而停止追究，吃人肉的人如獲重生。

遺骨箱裝的是海邊的砂子

我剛入伍不久，第一次空襲之後，曾寫過兩封信回家，一封給爸爸，一封給女友。告訴他們也許後方也會受到攻擊，有山洞最好，如果沒有山洞，就挖個壕，請他們預先做好空襲的防護準備。

我想那兩封信應該有收到。沒有回，因爲寄不到前線啊。

後來就音訊全無，他們以爲我沒命了。

的確，除了前面提到的登陸之外，在維瓦克期間受到盟軍大小空襲 150 次以上，眞是九死一生。最可怕的不是轟炸，是艦炮，因爲落彈距離間隔很密。

敵軍每次的攻擊都是用飛機，像波音的重轟炸機，最屬害的是 B-29，可投下 1 千公斤的炸彈。他們都是空襲後接著用艦炮打，打得差不多了，就登陸；上陸後只要看到壕洞裡面還有日軍，就繼續以艦炮打，日本人死傷非常慘重。

　　有一次我們看到海上來了一條船，滿載臺灣的高砂義勇隊在所羅門島倖存的友軍，要回臺灣休息，船上的人還和我們招手，後來聽說整條船在中途被美軍潛水艇的魚雷打沉。

　　所以高砂義勇隊死了很多人，他們很勇猛，不穿鞋子都可以。他們摸營偷襲的技術很好，美澳軍都很怕高砂兵。

　　至於竹東這裡因為是郡守的住處附近，也是空襲目標，所以家裡就疏開到橫山鄉田寮村。

　　講到回來時的景象我至今難忘，還記得去的時候2百多人搭4輛卡車，浩浩蕩蕩的出發，回來時只有我1個人獨自回到竹東。遠遠看到家門時，景象如幻似真，回首往事，不禁涕淚縱橫。

　　同一部隊駐在荷蘭遮的，登陸時被打得稀里嘩拉。其他也大部分都戰死，生還的各自四散，歸途只有我一個人。

　　你問戰死的人日本人如何處理？

　　他們都會通知，並把遺骨箱送回來，不過裡面是海邊的砂子，那有骨頭？自己的命都保不住，那有辦法去撿遺骨？所以說戰爭前期遺骨還可以送回來，後期就沒有了。最後全部把名字寫上，奉祀在靖國神社。

　　有人說日本人對每一個軍人入伍後，都幫他們留頭髮指甲等，以備萬一戰死，送回給家屬。有些地方也許有，我們那邊都沒有。回來時聯軍規定空身遣返，日記、相片通通不能帶，連一張紙條也不行，全部拿掉。

　　我是在1945年12月28日抵達基隆，日本人也跟著我們下船，在臺灣等候返日。一下船就看到有人在打日本人。

　　那時還有很多日本人留在臺灣，因為蔣中正說要以德報

怨，所以日本人還滿自由的。但以往喜歡打人的日本人就慘了，有一個我們當時的第四中隊長，叫今泉覺，一向很愛打人，這次被打得臉都腫起來，雖然國民政府的官員說我們是泱泱大國，不要打，但他的同袍一定要打，打完還把他的鞋子拿掉，他只得一步步慢慢走回軍營。

學諸葛亮以自保

我回來後剛開始當挑夫，也打過零工，一年後到內灣國小教書。

二二八事件期間，一天下午來一個學生模樣的人，邊向我敬禮邊說：「前輩從海外回來，我們隊裡缺一個機關槍手，請您過來好不好？」

我說：「我到南洋打過仗，歷經千辛萬苦，此事礙難聽命。」

當天回家的路上，在一間餐館前，我看到一個臺灣人用鐵器打中國兵，中國兵沒還手。

我們這裡有一個人姓劉，二二八時在竹東起義，當警衛組長，後來在斬龍地方被槍決掉。整體來說算是平靜。

有一陣子對於當過日本兵回來的特別注意。不過我沒有什麼困擾。他們會叫你寫自傳，還要你寫最尊敬的人，再透過自傳深入調查了解。我寫孔明，因為諸葛亮忠君，不會謀反，也就是所謂的老二哲學，所以寫孔明就沒事。

接下來的白色恐怖時期，學校老師有好幾個出事，都是本省人，我所知道的有：知匪不報關 6 年半；匪諜關 16 年。

　　事情大約發生在民國 40 年左右，竹東一位劉姓青年是共產黨員，和一位由基隆調來的女老師共同利用成立合唱團、一起打拳擊，甚至以色誘等方式，想吸收校長及學校老師加入。其中一位韓姓老師禁不起誘惑，幫那位女老師傳信。

　　後來情報人員向我要教職員名冊，我以為他需要聯絡學校同事，原來是要開始抓人。結果韓姓老師被關了 6 年多，那位女老師也被抓，校長聽到吉甫車聲臉色發青，所幸無事。

　　對於四萬換一元沒有印象，只記得換新臺幣之後，1 塊錢可以買 4 兩豬肉。也就是舊臺幣 16 萬買 1 斤豬肉。

　　那時我還單身，常被爸爸罵說我不留錢，又很會花錢。我當時在鄉下學校教書，課後幫學生補習，學生自動交的補習費加起來一個月的收入，剛好可以買一雙布鞋。

　　整體說來實在很苦。我那時寄宿在校長溫安谷先生家，中午要吃飯，上午 10 點多還不知道米在那裡。那時公教人員薪水很低，雖然沒米也還在教書。我單身還沒關係，溫校長家孩子又多，我們只好東借西借，有時我去借，等薪水來了再還，所幸我們還算有信用，所以借得到米。

　　那時沒人要嫁公教人員，家長都是三叮嚀四囑咐，寧可嫁給推台車的，也不要嫁公教人員，所以我特別疼愛我老婆。現在情形相反，很多人搶著要嫁公教人員。

　　由日語改為使用中國話，對我來講沒有問題，因為日治時期我們開南是全國唯一一所教北京語的學校。我很有興趣學習，考了 95 分。我的北京語老師鄭明祿先生很喜歡我，他是北京朝陽大學畢業生，後來擔任新竹縣教育局長，我就是因為這個機緣得以被派到內灣去教書。很多年後一位家長回

憶說，那個時候全內灣就梁老師一個人會講北京話。

　　談到三七五減租，本來我祖父繼承了一塊農地，因為土地在水尾，耕作時常不夠水，他就把地賣掉。祖父當仲介，很有錢，但他從不買地，也不建房子。因此我們家沒有影響。

註1 日本政府在 1942 年中途島之役戰敗後，局勢日下，因而積極在臺灣進行戰爭的準備，嚴格實施食糧與物資配給，依照戶口名簿的人數，每人每天給予一定的配給額，市面上根本買不到民生物資，是為「經濟統制」，有人稱為「物資統制」。

註2 山本五十六（1884.4.4.~1943.4.18.），曾留學美國哈佛大學，因親美及反對日本入侵中國東北，一度險遭暗殺。二戰時擔任日本海軍聯合艦隊司令長官，主導偷襲珍珠港等重要戰役。由於日本政府隱瞞戰爭失利的事實，因此，一直延遲至 5 月 21 日才公布山本的死訊，也造成日本朝野極大的震驚，因為山本五十六被美軍打死的事實，對於當年日本人所造成的精神打擊，可謂難以估量。

註3 荷蘭遮，即荷蘭城，在新幾內亞島西北角，為巴不亞新幾內亞首都。美軍譯為：Netherlands，或 Hollandia。

註4 登陸日為 1944 年 4 月 22 日。聯軍統帥為麥克阿塞將軍（Douglas MacArthur），計率領 54 艘混合艦隊登陸。麥帥曾於 1942 年因日本占領菲律賓，等於美國在太平洋戰爭中防禦失敗，被總統羅斯福命令撤離，離開時他誓言：「我會回來（I shall return）。」他果真做到。不過，新幾內亞的戰役因為日軍抵抗激烈，經過多次激戰，一直到同年 7 月 30 日，新幾內亞戰役始告結束。但駐留該地的日軍遲至日本天皇宣布投降後才繳械。

註5 所謂「現地自活」或「自謀生活」，就是聯軍不提供食物，由日軍自行解決食衣住行等問題，兼管理土著，協助解決居民的紛爭。時間為 1944 年 4 月 22 日起，至 1945 年 9 月初。

註6 安達二十三（1890~1945），日本陸軍大學畢業，1933年至1942年間皆在中國，從關東軍鐵路線區司令官，升至北支那（中國）方面軍參謀長，1942年11月被任命為第十八軍司令官，很得部下的愛戴。上任時新幾內亞的制空制海權已落入聯軍手裡，補給大致斷絕。戰後安達在澳洲被依乙級戰犯判決終身監禁，審判期間他把所有第十八軍被指控的戰爭罪行全部一肩扛起，並於十八軍所有戰犯都定罪後，向澳大利亞軍方提出要求赦免8名部下的請求，隨後再以一支不知如何送到手的水果刀，於獄中切腹自殺身死。

註7 安達二十三在美軍登陸新幾內亞前即確立持久戰的原則，此處即安達向部下下達持久戰命令的內容。因日軍在島上經過與聯軍的多次戰役，聯繫不易，均以口傳命令方式為之。到了1945年7月，安達研判兩個月後將遭到「全滅」，發出全員犧牲報國的口達命令，準備最後一戰，但8月15日即宣布投降，因而沒有「玉碎」。

註8 新幾內亞土著取當地一種樹砍枝幹剝皮後磨製成粉，類似芋頭粉或樹薯粉，為當地主食。日軍向土著學得製粉技術，現地自活時得以不缺糧。

結語

串起斷鍊的珍珠

生離死別

這不是小說或電影情節，是真人真事：

他是留美博士，曾任中國浙江大學系主任，妻子為美中混血兒。日治時代回臺灣時，因為他的美國及中國關係遭受監視。二二八事件後成為欽命要犯，夫妻帶著四個子女逃到香港，因為先生堅決要到日本繼續為故鄉發聲，一家人就在香港分開。

妻子歷經千辛萬苦，回到美國，獨自撫養子女長大，那時最小的兒子才兩歲。

他們從此不再聯絡，妻子絕口不提丈夫的事，子女長大成為道地的美國人，但還保有臺灣姓氏。

事隔 60 多年，當時兩歲小兒子的獨生女兒到臺灣尋根，才得知原來祖父是赫赫有名的廖文毅。

廖文毅是誰？

現在已經很少人提到他，更少人知道他的過往。所謂民國百年（註1）未曾緬懷他，因為他根本不承認中華民國這個政權（這個政權也從來沒有把讓它得以延續至今，歡度百年的臺灣人計算在內。）。

他是臺灣獨立運動的先行者，是二二八之後少數為了故

鄉的災難,不斷向國際發聲的人,他為此妻離子散,連累很多親友被捕,財產遭到凍結,最後在蔣介石多方施壓之下回國,被定位為放棄臺獨回臺投降,終生遭到監視而抑鬱以終。

有關廖文毅的事,近年來大概只剩下他的故鄉西螺一些文史工作者持續關心而已。

更不堪的是,西螺鎮公所為了規劃成立醬油博物館及農特產物流中心,把廖文毅家族墓園所在的小茄苳公墓公告遷葬,限期於 2003 年搬遷,期間國史館館長張炎憲雖曾努力想要保留,終究還是留不住,廖文毅的墓碑被國史館臺灣文獻館收藏保存。

廖文毅孫女廖美文(右1)到臺灣尋根,由前立委王麗萍(右3)及西螺鎮長蕭澤梧(左1)陪同。

四個博士　八個政治犯

　　根據臺灣基督長老教會西螺教會杜謙遜牧師指出，廖文毅兄弟爲營救二二八受難者並提出建言，就被視爲叛國而遭通緝。一個家族裡有 8 個人成爲政治犯，是典型的「後二二八事件」政治犯家族。廖家由盛而衰，也是一部臺灣地方發展史的寫照。

　　廖家極重視子女教育，一門兩代出了 4 位博士，也是西螺地區最早的長老教會信徒家族。廖家的「大承墓園」是一座完整的基督教式墓園。豪門墓園卻很簡樸更屬難得，足可作爲近代臺灣史、臺灣教會史，及鄉土史的教學墓園。可惜最後還是被拆除了。

廖文毅位於西螺老街的老家山牆，隱約還看得見中華民國國旗浮雕。

這對於重視入土為安的國人而言，簡直是死無葬身之地、死後不得安寧。雖然現任的西螺鎮蕭澤梧鎮長為此曾致函廖家表示歉意，但拆遷的墓園不可能復原。一個臺灣重要的文化資產就此煙消雲散。

就在本書第一階段訪問暫告一段落的 2011 年 5 月間，經由謝聰敏先生的介紹，廖文毅先生的孫女廖美文女士來到舍下暫住多日。她是獲得臺灣傅爾布萊特學術交流基金會（Foundation for Scholarly Exchange Fulbright Taiwan）(註2)的贊助，成為交換學人，得以來臺尋訪相關人士，未來想以祖父的故事為題材寫一本小說。

西螺鎮蕭鎮長說，公所正努力尋找資源，如果可以把廖文毅家族的故事拍成電影，在時間上從日治到國民政府；空間上跨越了臺灣、美國、中國、日本等多個國家，又有戰爭、愛情、革命等情節，不但內容精彩，更可以說是一部臺灣近代史的縮影。

一包金條換人命二條

與此同時，一位訪問對象在看過我寄給他，請他校正的訪問稿後，打電話拜託我不要公開他的過往。

在訪問時他就相當不安，不斷問說二二八的事說出來會不會有事，果然他還是決定讓往事隨風消散。

他因為曾當過日本兵，二二八事件時被強拉出來參加自衛隊，又因父親擔任里長，遭鄰居密告，在清鄉過程中被捕，母親送了好幾條金條，才保住父子兩條人命；他弟弟也因被

捕同學遭刑求而說出他的名字就被抓，一年後眞凶抓到才放出來。一家 3 人都沒有請領二二八事變的補償金。

訪問時，他提到母親眼看父子被抓，立刻去點一把香，當街跪拜詛咒，請神明相助，揪出沒良心的告密者的描述，正是當年臺灣人的習慣，也是一個母親與妻子面對困境無奈卻又堅毅的表現，令人動容。

隱忍 60 多年的往事好不容易講出來之後，卻讓他更加惶恐。即便他的子女早已分別在美日等國定居，那種如影隨形的恐懼感依舊揮之不去，那樣的心情，何其令人不忍。

訪問過程中，有些事情雖然事隔一甲子以上，聽來還是相當震憾，譬如新幾內亞吃人肉的故事。梁煜堃先生因爲擔任傳令的工作，加上他記憶力驚人，才得以翔實的把這些事實留傳下來。

我印象深刻的是，他提到後來聯軍在審判戰犯時，因爲一位記者直指：這些日本兵如果不是戰爭的關係，他們也不會去吃人肉，因而免於受審。

俘囚戰犯　卑鄙人民？

然而，在二戰期間，臺灣人被動員參戰者多爲軍伕、軍屬、高砂義勇軍、海軍巡查補、看護婦、海軍工員及少年工等，在日軍檔案皆定位爲苦力者、陸軍傭人，地位極低，只能奉命行事，卻有 26 名被以戰犯判死刑，有 147 人被處有期徒刑（B、C 級）！

　　這是多麼諷刺的事，如果吃人肉的人無罪、日本天皇也不必為戰爭負責，何以殖民地的臺灣人民被迫參戰者，竟然有一百多人為這場戰爭承擔如此重的戰犯罪名？賴和說的「我生不幸為俘囚」，俘囚竟要為發動戰爭受死，這世界還有公理嗎？

　　前來接收的國民政府不但未曾替臺灣人戰犯爭取任何權益，反而對於臺灣人充滿歧視。二二八事件經國民政府血腥鎮壓後，蔣介石派國防部長白崇禧於 3 月 17 日前來調查，10天後返回南京，於 3 月 28 日向中國廣播說：「臺灣人是受日本人遺毒之卑鄙人民，不能體會回歸祖國的榮幸……。」有這樣的「祖國」官僚，臺灣人註定要走過那段不堪回首的悲慘歲月。

　　也在同一時間，李登輝前總統在接見日本朋友，和他們談到臺灣歷史時，把他所經歷的時代，名之為「斷絕的時代」。

　　的確是斷絕的年代。他們的生命彷彿被攔腰截為兩段，語言要從頭學起，所有的價值觀與處世態度，甚至是生活習慣，也和過去截然不同。

　　我出生的年代離他們不遠。童年記憶中的兒歌是母親時常哼唱的「桃太郎」及其他不知名的日本童謠；在家中祖父母使用的是福佬話，父母親的主要語言是日語。我是在就讀國民學校時才開始學ㄅㄆㄇ，那是我入學以前從沒聽過的外國語，老師說那是我們的國語，我如果用我的祖父母或父母教我的話交談，會被處罰。

　　我讀的課本把國軍形容得多麼神勇，把蔣介石說成天縱英明，說中國是個多麼偉大的國家；在父親他們的認知裡，這些都是謊言。

為誰而戰？

　　課本的洗腦很成功，以致我對於上一代所經歷改朝換代的痛苦，總是無法感同身受。特別是他們對日本人的懷念，更令人難以苟同，直到這次訪問之後，我才全然改觀。因為透過他們對細節的描述，所有的疑惑終於都能找到答案。

　　十幾年前我投身社會運動時，常看到一些長輩戴著日本軍帽，高唱日本軍歌，歡樂與榮耀之情溢於言表，心中總覺得他們是活在過去的回憶裡，不認為有什麼特別意義，日本軍歌更是聽不出來有什麼值得他們一唱再唱的。

　　直到前不久，高雄市關懷臺籍老兵文化協會舉辦一項活動，藉由先後升上日本軍旗、黃埔軍旗及五星旗的活動，凸顯臺灣兵為日本人、為國民黨、為共產黨軍賣命打仗的荒謬，再聽一遍臺灣軍之歌，又去找出它的中文翻譯，終於比較能理解他們的無奈與懷念之情。

　　無論是欺騙也好，討好也罷，日本政府在統治臺灣 50 年的最後階段，終於取消對臺灣人的差別待遇，也開始讓臺灣人參與選舉，它在臺灣徵兵，把臺灣兵的神勇製作成軍歌傳頌。相形之下，中國政府在臺灣募兵去打內戰，船一出海就先把士兵解除武裝，不從者槍斃丟進海裡，兩者的心態簡直天壤之別。

以下是臺灣軍之歌中譯歌詞全文：

臺灣軍之歌

太平洋上天遙遠
南十字星閃閃光
黑潮溢洗椰子島
波浪沖過赤道線
睨目企騰在南方
守護有咱臺灣軍
啊～嚴防的臺灣軍

上海事變武漢戰
海南偏島南寧奔
躓過彈雨幾山河
無雙勇氣眾人問
精銳出名在南方
守護有咱臺灣軍
啊～嚴防的臺灣軍

歷史薰芬五十年
戰死作神盡本分
鎮守本島北白川 (註3)
所傳士魂蓬萊存
建立武功在南方

守護有咱臺灣軍
啊～嚴防的臺灣軍

（此曲作於 1940 年 10 月）

歷史的傷痕　文化的資產

　　歷史真是奇妙，往昔刻骨銘心的恩怨情仇，經過時間的沉澱，最終都成為滋養後代子孫的文化資產。不管你喜歡或討厭，當年讓中國淪為次殖民地的異族統治，而今清宮祕史成為最佳影視題材，旗袍成為中國的國服。

　　二二八造成的省籍仇恨，也都到了可以轉換成為臺灣文化資產的時候。看到事隔 60 年後，歷經兩代，廖文毅的孫女回臺探訪自己祖父的歷史時，我的內心無限感動，畢竟沒有任何政權或個人能夠一手遮天。近代臺灣歷經這麼多的磨難，恐怖的陰影終於散去，終於有些我們意想不到的人會挺身而出，讓這段斷絕的年代得以修復還原。

　　只剩下戰爭前後這十年間發生的很多事，彷彿成為歷史失落的遺珠，等待我們去撿拾回來，用時間的長河與真相的還原，將它串成一串美麗的項圈，成為臺灣人共同的寶貴資產。

註1　政府不斷宣揚 2011 年為中華民國百年慶。中華人民共和國則稱為辛亥革命一百年，較為精確。一般所謂「百年」，是指「壽終正寢」之意。

註2 該基金會是由美國國務院與外國政府共同推動之學術與文化交流計畫，目的在透過人員、知識和技術的交流，促進美國和世界各地人民的相互了解。在臺灣已推動 50 多年，獎助約 1 千位美國人士到臺灣講學、研究或進修；也獎助約 1 千 4 百位臺灣學者、學生及專業人士到美國攻讀學位、研究或實習。

註3 北白川宮能久親王（1847~1895），1895 年清國將臺灣割讓給日本，臺灣民主國成立時間雖短，各地臺灣人反抗日本軍者眾，日本政府派能久親王率領近衛師團進攻臺灣，展開為期數月的「乙未戰爭」，據日本的記載，他是在攻下臺南一星期後，因感染瘧疾而死，但有學者認為北白川宮在新竹牛埔山即已中彈身亡。

日本政府後來將他神格化，在「終焉之地」興建臺南神社，並將其「薨去之日」訂為臺灣神社的例祭日，而民間包括新竹、苗栗、大甲、彰化、雲林、大林、義竹、鹽水、佳里、善化等地都傳說親王是死於各該地起義軍之手。其中彰化八卦山大佛即是原能久親王紀念碑遺址拆除後興建；為紀念這段歷史，彰化縣政府近年成立八卦山抗日保臺史蹟館。

本書的出版，除要感謝書中提到受訪者、帶訪者及協助校對等好友之外，也要感謝林文德、鄭愛華、張信堂、王麗萍、蘇美珠、謝翠娟、許璧蘭、徐瀅媛、吳芳瑩、吳采真、林金鑾、邱幸香、陳榮良、黃秋慧、陳錫章、吳安世、吳芳瑩、吳秀蘭、林森、黃麗香、陳明娟、江仲驊、陳威成、吳柏宏、賴惠珍、財團法人二二八事件紀念基金會、財團法人彰化縣公益頻道基金會、高雄市關懷臺籍老兵文化協會等好友或社團的大力協助，特此一併致謝。

臺灣阿祖的私密故事（1）

1940-1950消失的四〇年代：造飛機的小孩們

建議售價·299元

作　　者·陳婉真

校　　對·陳婉真

專案主編·徐錦淳

發 行 人·陳婉真

　　　　　地址：520-46 彰化縣田中鎮埔頭路243巷299號

　　　　　電話：（04）8741056

　　　　　e-mail：stellatn@ms74.hinet.net

代理經銷·白象文化事業有限公司

　　　　　台中市402南區美村路二段392號

　　　　　經銷、購書專線：04-22652939　傳真：04-22651171

印　　刷·基盛印刷工場

版　　次·2013年（民102）七月初版一刷

　　　　　2016年（民105）五月初版二刷

設計
編印 **白象文化**
www.ElephantWhite.com.tw
press.store@msa.hinet.net

國 家 圖 書 館 出 版 品 預 行 編 目 資 料

1940-1950消失的四〇年代：造飛機的小孩們／陳
婉真著. －初版.—彰化縣：陳婉真，民102.07
　　面：　　公分.
ISBN 978-957-43-0449-3（平裝）
1.臺灣史 2.訪談 3.文集
733.289　　　　　　　　　　　　　102008153

贊助：財團法人綠色台灣文教基金會